全民健身路径

巩永波 编著

吉林文史出版社

图书在版编目（CIP）数据

全民健身路径 / 巩永波编著. -- 长春：吉林文史出版社, 2013.9（2023.6重印）

ISBN 978-7-5472-1712-2

Ⅰ. ①全… Ⅱ. ①巩… Ⅲ. ①全民健身 - 基本知识 Ⅳ. ①G811.4

中国版本图书馆CIP数据核字(2013)第225718号

全民健身路径

QUANMIN JIANSHEN LUJING

出版人　张　强

主　　编　南来寒

编　　著　巩永波

责任编辑　王　新

封面设计　袁　野

出版发行　吉林文史出版社

地　　址　长春市福祉大路5788号

网　　址　www.jlws.com.cn

开　　本　720mm × 1000mm　1/16

印　　张　12

字　　数　100千

印　　刷　天津市天玺印务有限公司

版　　次　2014年1月第1版　2023年6月第4次印刷

书　　号　ISBN 978-7-5472-1712-2

定　　价　59.80元

编委会

主　编：南来寒

副主编：于　涉　张雪霜　王　非

编　委：暴丽娜　黄　奎　宋　欣

　　　　郑榕玲　程离离　段广艳

内容简介

全民健身路径指的是户外健身器材，或者叫室外健身器材，就是大家常在体育广场里、公园里、小区广场里看见的那种用于活动身体的健身器材。随着生活水平的不断提高，人们对健身路径的选择都有更高的要求，各种健身路径也逐渐普及，成为乡镇与城市中人民健身的一大热点现象。

本书内容通俗易懂、简明扼要，以图文并茂的方式，科学地指导人民群众运用户外健身器械，拓展户外健身途径和方法，对户外健身路径的使用方法、健身效果、注意事项以及拓展方法等方面都做了详细的说明，同时增加了徒手健身体操和轻器械体操的健身方法和原理，相信本书能为广大群众从事大众体育活动、增强体育锻炼意识、提高身体素质和生活质量提供很大的帮助。

全民健身路径大盘点

- 每个人在健身路径的选择上有什么不同吗？
- 全民健身路径对我国普及全民健身的意义？
- 你最适合哪种户外健身方式？
- 你所不知道的健身路径有哪些？
- 你应该知道的户外健身路径的注意事项都有什么？

目录

第一章　基础理论篇

第二章　健身路径器械篇

第三章　科学健身篇

第四章　健身达人篇

第一章

基础理论篇

什么是全民健身路径

全民健身路径，通常意义上指的是户外健身器材，或者叫室外健身器材，就是大家常在体育广场里、公园里、小区休闲娱乐广场、新农村等地方看见的用于活动身体的健身器材。具体来说，健身路径是指在一系列健身器械上完成各种指定健身动作，集健身娱乐于一体，适宜于各类人群参加的趣味健身比赛项目。全民健身路径是人们使用不同的工具来提高身体素质的健身系统。健身的人根据自身的年龄、性别、生理特点和需要，选择适合自己的锻炼方式，提高速度、强度、协调性、灵活性，达到增强体质的目的。简单地说，健身路径是“健康之路”，是全民健身工程的重要组成部分。在进行健身活动的同时应该注意安全，我们要根据身体情况进行锻炼，而不是挑战极限。

全民健身路径在中国的兴起与发展

从解放初期国家强调开展“群众性体育运动”，发展到今天的“全民健身运动”，是中国体育事业的历史性跨越，反映了我国社会和广大民众对体育事业的诉求发生了根本性变化。一个民族的体质健康状况，是一个国家综合实力的重要体现。古代斯巴达人曾有这样的名言：“人民的身体，青年的胸膛，便是我们的国防。”饱含小康梦想的我国民众历来有重人贵生的文化传统，对身体健康的追求坚韧而执着。近百年来旧中国武风不振，国力羸弱，民众身体健康受到严重的威胁，曾经被讥为“东亚病夫”。如今中国经济进入了持续的高速增长阶段，与此同时，普通民众的生活追求也进入了重视人的发展和满足人的享受需要的新阶段。人们的生活要求和生活目标随着经济发展水平的提高而不断变化，人们对文化体育的需求也随之不断发展和提高。

为彻底改变我国人民体质健康状况不佳的不利局面，促进群众体育事业在新形势下健康可持续发展，20 世纪 90 年代中期，国务院颁布实施《全民健身计划纲要》（简称《纲要》），这是我国近现代体育发展中一件极有意义的事情。《纲要》从颁布实施到今天，已经走过 19 个年头。19 年光景，在人类历史上只是弹指之间，但我国的全民健身运动却发生了翻天覆地的变化。广袤的中国大地，从长城内外到大江南北，到处都是体育锻炼的人群，体育健身运动这个响亮的词汇，已经成为各级政府执政为民的一项重要的民生工程，成为维系国民身心健康的朝阳事业。

全民健身运动是一项全社会共同参与的事业，它以广大民众为参与主体，以健身、健心、益群、合作为基本特质，与全面构建社会主义和谐社会的基本要求十分一致。它对营造积极健康的社会生活方式以及移风易俗都有重要的作用。在全面建设小康社会时期，全民健身运动促进社会和谐的社会价值是不容置疑的。研究认为，健康文明的生活方式，对于社会教化起着积极的作用，有利于社会整合力量的提升，而奢侈化、庸俗化的生活方式，必然造成社会整合力的下降。在建设小康社会的过程中，倡导积极健康的生活方式，是社会主义物质文明的必然选择，也是社会主义精神文明的重要组成部分。我国正在深入开展的全民健身运动的一个重要目的，是要在大力提高国民素质的基础上，促进健康生活方式的形成，培养积极进取的社会精神。

1996 年 9 月，在全面贯彻实施《全民健身计划纲要》的大背景下，位于广州的天河体育中心“多功能健身路径”成为我国首条健身路径。简单模拟健身房里的器械，翻版放到社区来，供大家健身，并为其命名为健身路径。健身路径在发展过程中，逐渐被全社会接受，其名称也就一直沿用下来。随着人们

生活节奏越来越快，物质生活水平与精神文化生活水平都在相应地快速提高，以适应人们越来越快的生活节奏。健身路径的建设，满足了广大人民群众日益增长的文化和体育的需求，促进均衡发展，加强人们之间的联系，促进社会文明程度的提高，维护社会稳定。到2010年5月底，国家体育总局体育彩票福利基金已投资6.4亿元，在全国范围资助建设全民健身路径超过1万条,推动和指导各地建设全民健身路径超过15万条。全民健身路径占地面积小、投资少、简单、易于构建、方便群众，受到人们的欢迎，是全民健身工程的一道风景线。现在健身路径已经全面进入了人们的生活中。

健身路径大多设在环境好的地方，如公园、绿地、河流旁，每隔一段距离安装一种体育器材，各种设备之间由小路连接，所以称为健身路径。在每一个设备旁边有一个说明牌，说明该设备的名称、练习方法、健身价值、安全事项等，有的还有标准动作示意图，其材料大多是木头或玻璃钢和钢材，颜色和户外环境协调。在这种环境下进行体育锻炼是一种美的享受。

2008年，在我国首都北京举办了奥运会之后，全民健身的热潮空前高涨，拥有一个健康的身体已成为人们的共识。政府对全民健身的支持是健身路径进一步发展的重要推动力量。近几年，政府部门对民众健身给予大量物质与精神方面的支持，除了通过电视、网络、报纸等各种媒介宣传健身之外，也将健身路径引入社区，将健身器材安置到小区、村庄中，使更多的百姓可以自由、便捷、无偿地享受到丰富的健身活动，充分享受到健身路径带来的各种益处。健身路径的普及式发展，既使人们的身体综合素质得到提高，又丰富了广大人民的业余文化生活，促进了社区精神文明建设，对我国构建和谐社会、促进社会经济稳步发展有着积极的推动作用。

如今，全民健身路径已经成为百姓生活的一部分，成为改变我国居民生活方式、健身习惯的重要因素。全民健身路径为广大群众健身提供了良好的健身和娱乐平台，以其趣味娱乐性、科学健身性、开放公益性，已成为我国开展群众体育的重要标志之一。

健身路径如何达到健身与娱乐的统一

健身路径从20世纪90年代末发展到现在，已经充分融入了大家的生活中。健身路径之所以吸引了越来越多人的关注，除了其完善而系统的健身器械外，还在于它拥有生活性、娱乐性等特点。

生活性

健身路径的生活性体现在其简便易行、人群集中的特点上，在场所的安排上非常适合我国目前的城乡特点，这个充分利用广场、公园、小区等一切可利用的场地，提供一系列健身器械完成各种健身动作的新生事物仍在逐渐成长、壮大，现在已经开始在农村社区、机关单位、旅游景点等处遍地开花，从露天逐渐发展到室内，有效缓解了群众健身没地方去的老大难问题。“在这里玩不但能锻炼

身体，还能乘凉避暑。”很多人都这样由衷地评价健身路径给他们的生活带来的改变。茶余饭后，工作之余，和家人朋友一起到公园、社区的器材上伸伸腰，压压腿，做几个俯卧撑，走几个往返平衡木，在聊家常的同时也起到了锻炼身体的作用。

娱乐性

有人曾说现在是娱乐的时代，人们把娱乐的概念灌注到生活中的方方面面。娱乐性是吸引人们去关注、去尝试的关键部分。健身路径的娱乐性，糅合了其他健身项目的特点于一身，使我们可以在健身的同时进行诸多趣味性的游戏。比如，趣味十足的儿童大荡椅、三人旋转轮、棋牌桌、三位转腰器等都能让使用者在健身中享受娱乐，在娱乐中体验健身。

健身性

健身路径的普及发展，带动了全民健身的热情，得到了大众的认可，不同健身路径使普通百姓通过简单易行的身体锻炼方式、方法和手段达到良好的健身效果，分别可以使人体得到柔韧性、协调性、力量性、耐力性等几大方面的锻炼，达到拥有健康的目标，从而享受生活，享受快乐人生。

健身路径的使用建议

制订针对性锻炼计划

不同年龄、不同健康水平、不同健身目的的人群都可以从中找到适合自己的健身器械和锻炼方法，从而根据自己的锻炼目标进行不同的组合，进行有针对性的锻炼计划。

符合循序渐进的运动顺序

先进行柔韧性练习，再进行力量性练习；先进行力量性练习，再进行耐力性练习；先进行轻阻力、小负荷练习，再进行大阻力、大负荷练习。每次练习时都要有一定的顺序，先是热身运动，即准备活动，然后是正式的练习内容，最后是整理放松活动。

健身路径锻炼时要注意的问题

随着生活水平的提高，人们对健康的重视程度越来越高，健身作为强身健体、塑造完美身材的热门活动已经被大多数人所接受，大家在闲暇时间会约几个好朋友或者和家人一块去健身房健身，这是一种比较积极健康的生活态度，不过，健身本

身需要专业人员的辅导，健身时还应该注意一些小细节。

1. 锻炼时要注意季节、气温及天气的变化。全民健身路径是置于户外的健身器材，要针对不同的季节、天气选择健身路径。雨雪后出去锻炼一定要注意安全，锻炼完毕要及时更换衣物。雾霾大雾天气，不宜进行锻炼。

2. 锻炼时要注意运动着装，穿柔软、保暖、轻便、透气、吸汗能力强的服装，穿鞋底较厚、柔软、弹性好、大小合适的运动鞋，不能穿皮鞋，尤其不能穿高跟鞋。冬天在不影响运动和安全的情况下，可戴帽子和手套。

3. 锻炼时要注意循序渐进，开始时运动的幅度不宜过大，运动速度不宜过快。

4. 锻炼时要注意对运动项目、活动内容的选择，要根据锻炼者自身的年龄特点、身体状况、爱好及客观条件选择运动项

目和内容。

5. 患有疾病或有损伤的练习者，要在医生或专业的康复指导人员指导下选择器械、内容进行锻炼。

6. 儿童需要在成年人的监护下锻炼。

7. 锻炼前，要做好充分的准备活动，运动后，要注意放松和整理活动，以助于疲劳的恢复。

小贴士

究竟饭后多长时间进行锻炼为好呢？据医学专家研究认为，饭后适当休息30分钟左右再进行体育活动为好，休息后再进行锻炼对身体健康有益。

第二章

健身路径器械篇

如今公园、社区里新建起来的漂亮的、各种各样的健身路径器材每天都有好多练习者。小朋友们压着跷跷板，蹬着太空漫步机，青年人会试一试看看自己能做几个引体向上，老人们在器材上扭着腰、伸着腿……健身路径已经成为人们健身娱乐时最受欢迎的活动。健身路径让人们感受到了健身的乐趣，让人们在家门口锻炼身体，轻松、方便，将健身与娱乐结合在一起，让健康和快乐伴随每一个练习者。不过，也有许多练习者并不了解名目繁多的健身器材的功能，或者说不能正确地掌握使用方法。所以我们着重介绍一下一些常用器材的使用方法和注意事项，大家不妨对照自己习惯使用的器械了解一下。

社区健身器械的设计原则

器械作为构成健身路径的物质保障，对推动全民健身路径社会化与产业化发展的作用日渐突现出来。为了促进我国全民健身活动的开展，为了刺激我国全民健身活动的普及，就要科学合理地利用和创造良好的社区健身场地建设和提供与之相配套的服务，这对于社区居民健身娱乐有着重要意义。

科学性原则

要有明显的锻炼目的和理论依据，要符合人体生物运动的基本规律，依照科学依据来设计相应健身器材的练习和方法。

实用性原则

全民健身器材的另一设计宗旨是，要让人民群众选择健身和喜欢健身，并在锻炼时能够轻而易举地学会并掌握全民健身器材的使用方法，感到简单易学，举一反三，能够在使用过程中有效地锻炼身体并作为一种娱乐项目，所以健身器材使用的动作和路径要遵循实用这一原则，避免华而不实，让社区居民使用简单的器材达到健身的效果。

趣味性原则

所有健身器材都有与之相应的动作和方法，既能锻炼身体，又有趣味性和多样性，使广大社区居民在茶余饭后锻炼了身体的同时，精神上也感到放松、欢快、有趣，而不会使人们在一段时间之后因为缺乏趣味性、单调而放弃健身。

安全性原则

每个健身器材都有简单的说明书，所有与之相适应的配套动作、方法以及练习的负荷的设计，都根据不同锻炼者的生理、心理特点来制定。从而避免了因为不符合实际情况的练习或者练习强度超过了锻炼者身体本身的承受能力而造成不必要的伤害事故。

差异性原则

设计健身器材动作和使用方法还需要考虑一个必要的情况，因为每个锻炼者的实际情况不同，会存在着一些必然的年龄、性别、体力、身体状况等方面的差异，所以，在设计器材的练习动作和路径时要充分考虑这些实际情况。

全面性原则

通过不同的健身器材设计的动作与路径，可以使锻炼者身体的各个部位都得到协调锻炼，并使锻炼者的各项身体素质都得到发展。

锻炼方法的设计原则

进行各种器械锻炼方法的设计时，要紧密结合群众锻炼的实际情况，认真研究各个器械本身的特点，严格遵循以下几条原则：

1. 主次原则。每一件器械都有其主要的锻炼功能，同时又可以利用器械做一些辅助性的锻炼。

2. 针对性原则。根据不同的锻炼对象以及针对发展人体不同部位的素质，研究相应的锻炼方法。

3. 简单、实用性原则。根据锻炼对象对体育了解程度的实际情况，尽可能制定简单易学、实用的锻炼方法。

4. 趣味性原则。设计锻炼方法时，在简单易学和实用的基础上尽量做到有趣味、有新意。

在进行各站位的练习时，值得注意的是器材的合理使用，必须严格遵照器材的本身特点去使用，切不可随意使用器械本不具有的锻炼功能进行锻炼，以免在练习中受伤。各锻炼群体必须根据自身的生理、心理及身体素质条件，做相应的练习，不可勉强进行，以防伤害事故的发生。在制定评价标准时，考虑到群众健身的实际情况，制定了弹性范围较大的评价标准，即锻炼效果的上限和下限，供锻炼时参考。老人、女性练习时强度不宜过大，动作也不宜太难。

健身路径器械使用前的检查与保护

健身路径的安全检查

正规的室外健身器材都必须要经过安全检查，那么都有什么检查标准呢？应注意以下几点：外部结构检验、安全机构检验和防锁死结构检验。

外部结构的检验主要有锐利边和角的保护、温升测试、累积重量的安全检验等几部分。

还要注意危及使用者安全的剪力点与拉入点、防止手及脚伸入的陷入点的检验。拉入点的测试经常会使用一些测试手指

或测试脚来检查，这一部分必须参考 EN71 及 EN292 的测试相关规定。温升测试常见于健身脚踏车、跑步机等有氧式健身器材，在某些健身器材上会在耐久测试中测量使用者可接触表面的最高温度。累积重量的安全检验通常用在肌肉或力量训练器材上，这些重量的位置安排以及其累积重量高度也有一定的安全性考量。所有的室外健身路径器材都必须经过以上检验程序才可以投入使用。

健身路径器材的保护

作为公共体育设施的一部分，室外健身路径器材常常处于无人看管的情况下，为广大居民服务，是一种特别的公共消费品。不过所有的器材都是有使用年限的。假如大家锻炼时不注意保护健身路径器材，一旦损坏，就会带来不便。所以，我们必须要做好健身路径器材的维护管理。

小区物业以及相关国家社会公共服务机构要对室外健身器材进行定期的维护与检查。由于一些健身器材在长期的使用过程中，不可避免会出现螺丝松动等问题，就需要小区物业进行定期的检查与维修，在发现健身器材存在安全隐患时及时提醒告知小区内的住户与广大市民。

小区室外健身器材需要广大市民的爱惜使用。室外健身器材是国家提供给广大民众的公用室外健身器材，免去了人们去俱乐部等健身场所的资金花费。由于这些小区室外健身器材具有公用性，而且不需要市民自己的资金支出，很多市民使用时就不注意对健身器材的爱惜与维护。

广大市民相互之间形成社会监督力量。室外健身器材的安全与正常使用关系到广大市民的切身利益，市民在发现室外健身器材出现损坏时要及时向相关部门反映，同时也要监督不法分子等对室外健身器材的故意破坏。

健身路径器械的使用方法及功能

太空漫步器

这种健身设备在使用时锻炼者双脚离地，所以被命名为太空漫步器。其基本构造主要有底座、斜行支撑、把杆、悬臂、踏板。通常为两个一组，可供两人锻炼。根据不同锻炼形式可分为单练下肢的太空漫步器和上下肢并练的太空漫步器。

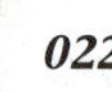

练习方法：

双手握把，双脚分踏于两个踏板上，做自然交替摆动，如此周而复始，使两腿以自然协调的姿势交叉漫步。

适用人群：

各年龄段人群，尤其适合于髋关节功能障碍需进行锻炼者。

禁忌练习人群：

神经平衡功能障碍者、中风后遗症患者、颈椎病患者、脑血管疾病患者、下肢人工关节置换术后患者、膝关节疾病患者、肌无力患者不宜从事该项运动。

作用：

能起到锻炼下肢力量的作用，增强髋关节灵活度。太空漫步器能有效地锻炼髋关节周围肌肉群的力量。

小贴士

练习时运动速度最好为中等，每分钟完成50～60次往返动作。一次锻炼一般在2～3分钟为宜。

椭圆机

这种健身设备因其运动轨迹为椭圆而命名，主要用来练习上下肢肌肉力量以及协调性。使用椭圆健身机训练时，训练者的膝关节承受的冲击力会比使用跑步机要小，且椭圆机更易于初学者练习。加上练习时需要上肢的配合，可以使人得到更全

面的锻炼。

练习方法：

练习者双手握把，两脚分踏于两个踏板上，人体保持自然站立姿势。用力伸直右腿，左手顺势往后拉，伸直左腿，右手顺势往后拉动，如此往复。

小贴士

速度中等，不易太快。

第二章

健身路径器械篇

太极推手器

太极推手器是根据太极拳推手的基本动作设计而成的一项传统强身健体思想和现代健身理念相结合的健身材。基本构造主要有支架和转盘。转盘成对安装，表面有凹凸浮点。转盘以斜向 60 度角安装，用来配合推手动作。

练习方法：

练习者正面面对推手器，自然站立，双膝微屈，呈马步姿势。双手张开平放于两圆盘一侧边缘，做推手动作，推动圆盘转动。推到右边时腰部以下重心右移，右腿呈弓步；推到左边时腰部以下重心左移，左腿呈弓步，如是往复练习。

作用：

太极推手器结合太极拳动作，通过全身多个关节的协调活动，以及轮盘浮点对手掌的按摩，可以起到贯通血脉、活动筋骨、增强关节周围肌肉群功能的作用。轮盘上的浮点主要起到对手掌心按摩的

作用。众所周知，手掌中分布着许多重要穴位，并通过脉络和人体内脏建立起密切的联系，所以手掌按摩可以改善人体内脏功能，达到身体健康的目的。

小贴士

建议练习者速度中等为宜，一次锻炼时间保持在 3 ～ 5 分钟，重复做 2 ～ 4 次。

云手转轮

云手转轮基本构造有主柱和转轮，由两个紧挨的转轮组成，转轮之间有一定角度，转轮上有双手柄，以便练习者握持。云手转轮采纳太极拳中“云手”的动作增强上肢肌肉力量，改善柔韧性。

练习方法：

练习者正面自然站立，双手分别握两个手柄，双腿略分开，稍宽于肩；双手通过转动手柄使转轮转动，转轮的方向可由练习者自主掌握，可双手同时右转也可左转。在转动时，两

腿应配合手柄的轨迹，做上伸下屈运动。

作用：

云手转轮巧妙运用太极拳云手原理，双臂可以顺转轮旋转，也可左右运动，很好地起到了锻炼上肢力量，训练身体柔韧性的作用。

小贴士

锻炼者以中等速度为宜，锻炼时间掌握在3～5分钟。

上肢牵引器

上肢牵引器也是一个非常受欢迎的锻炼器材，有时也作为身体康复器材，由立柱、挑杆、滑轮以及绳索等部件组成。绳索穿过滑轮由锻炼者上下自由拉动。可锻炼肩关节、臂关节的活动机能，可增强肩带肌肉力量。对局部血液循环有很大的改良作用，并且可以有效预防肩周炎。

练习方法：

练习者两手拉住牵引绳索两端的手柄，左手下拉，右手自然随之上升，达到一定高度后右手下拉左手上升，交替循环上下。

上肢牵引器练习使肩关节以及附属的相关部位的血液、骨骼、肌肉得到锻炼。同时手臂也可以左右交叉拉动。

小贴士

正常情况下每次练习3～5分钟为宜，速度均匀，不可过快，以免造成不必要的肌肉拉伤等，前期使用时幅度应从小到大，初次接触的朋友会有轻微的酸痛感，但这属于正常现象，如果疼痛剧烈应及时到就近医院询问医生。病患朋友可遵医嘱来使用。

单杠、双杠

单杠、双杠可以说是最为人们所熟知的全民健身器材了。其构造简单，一条横杠连接两个支杠，但却有很多种锻炼方法，又因造价低所以在社区健身器材中被普遍选择配置。普通大众要注意正确使用，不具备专业技能的朋友要选择一些简单的动作。

练习方法：

单杠最为简单的动作要数做引体向上，双手紧握横杠，拇指向后，双手用力向上拉动身体，双脚并拢保持垂直于地面，拉动时以下巴过杠为标准。

也可做腹部绕杠，双手紧握横杠，双臂弯曲引体，然后收腹举腿，并向后或向前甩动使身体旋转。可锻炼手臂、腹部以及身体力量。

双杠与单杠相比只是多了一组平行的单杠。双手各握一个横杠，双腿自然并拢，屈臂引体，可锻炼手臂肌肉。也可双臂依次向前，到后端跳下，或者摆动双腿从一侧跳下。

小贴士

单、双杠属于大众型专业器材，非专业人士应依次提高动作难度，切忌急于求成，每次做 3 ～ 5 个为宜。

压腿架

压腿架是一款用法简单的健身器材，由立柱和横杠组成，一般由高到低为一组，呈圆形、多边形或直线，以便安装在不同场合和供不同身高的朋友使用。压腿架可以锻炼人们的身体柔韧性，扩展腿关节的活动范围，舒展僵硬的腿部肌肉、腰背肌等。

练习方法：

可以正压腿、侧压腿和后压腿。锻炼者选择合适的压腿架，面向器械，抬起一条腿放在横杠上，身体保持平衡，上身慢慢向前压，这时腿部保持平直使腿部肌肉和韧带得到扩展。支撑腿脚尖向前为正压腿，横向为侧压腿。身体背对器材，一脚反扣在横杠上，向后压腿。初次使用者以腿部肌肉略有疼痛感为宜，不要过度压腿，以免造成肌肉拉伤。

小贴士

锻炼者根据自身情况选择高度，时间为 8 ～ 15 分钟。压腿前最好做一些准备活动，例如踢腿或就地上身向下弯曲等。

腰背伸展器

腰背伸展器由若干根横杠并列排成大半圆形，加上两侧的环形把手和支架组合而成，是一款很好的腰背部锻炼器械，可

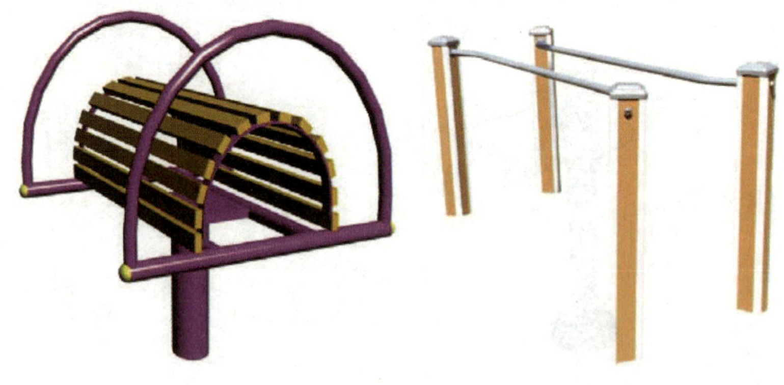

以增强腰部、背部肌肉和骨骼的韧度和承受力。长期锻炼可以缓解腰背的酸楚感，并且对腰背有很好的康复作用。

练习方法：

练习者背向器械自然站立，双手紧握两侧把手，然后坐在坐垫上双脚勾住下方踏杆，目视正前方，身体慢慢向后仰，腰背倚在器械上双腿弯曲，上下拉动上身腹部用力。或者面向器材重复上下动作，背部用力，身体尽量前屈。

小贴士

做这项运动前要做准备活动，使腰背部肌肉尽量活动开，运动时速度保持匀速，不要过快，用力均匀，每次 3 ～ 5 组。

双人腹肌板

腹肌板分为双人和单人两种，一般最高处离地面 50 厘米，外形类似于躺椅。一头高一头低，高的一端下面有挡腿。主要用来锻炼腹部肌肉，长期练习可形成完美的腹部线条并拉伸全身骨骼。

练习方法：

身体正坐在躺板最高处，双腿小腿放在挡腿里面，双手抱头，慢慢躺下，然后腹部用力匀速坐起，匀速躺下，一组坐起、躺下为一个动作，身体不要左右晃动。

小贴士

每次锻炼10分钟左右，每组1分钟左右，中间可休息1分钟，做完后应小跑几分钟，以舒缓全身骨骼，做完后有眼角充血现象为正常。此项运动不宜在饱餐后或剧烈运动后做。

腰背按摩器

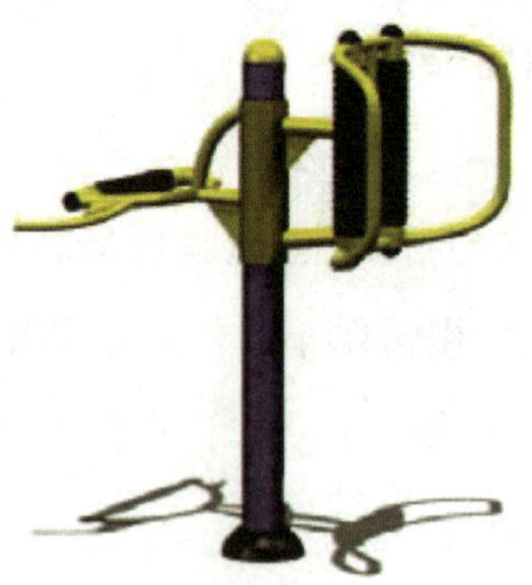

主要由支架和带有按摩点的转筒组成，分横向按摩和上下按摩，用来按摩腰部背部的肌肉和神经系统、穴位等。

练习方法：

锻炼者背部紧靠按摩转筒，

双手握住两侧把手，上身左右摩动按摩转筒达到按摩效果；或者选择腰部按摩端，腰部抵紧按摩转筒，双手握住活动把手上下拉动，由按摩转筒上的疙瘩按压肌肉和穴位，达到锻炼身体、放松肌肉的效果。

小贴士

这一款为休闲式锻炼器材，目前大部分产品不可调整高度，高度不合适的朋友可能会达不到标准效果。

腰力锻炼器

腰力锻炼器主要由主干支架、坐垫、脚蹬和扶手组成，用来锻炼腰部和部分腿部肌肉。

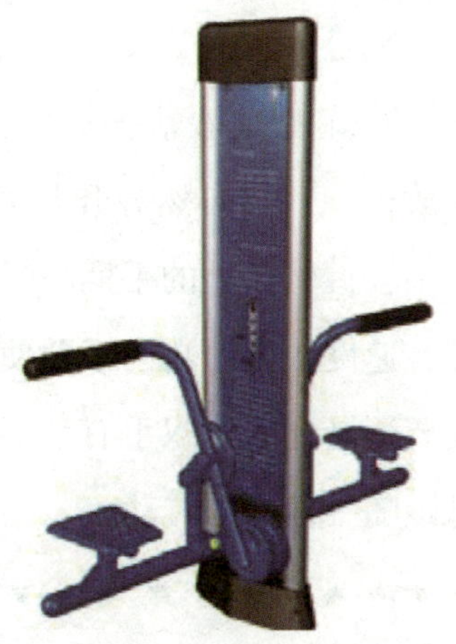

练习方法：

锻炼者端坐在坐垫上，双手握住扶手或将双手环抱胸前，双肩抵住横杠，上身用力向后仰，尽量使身体达到平躺再慢慢复位，然后依次循环，背后横梁向前压迫双肩，腰部用力压下，以达到锻炼腰部肌肉的目的。双脚此时要固定，双腿自然并拢，速度均匀，快慢均可。

小贴士

老年人感到背部不适时应立即停止使用此器材，儿童因身高不够所以不适合使用此器材。

双人大转轮

这一款健身器械由两个椭圆形转盘和支柱组成（也有圆形转盘）。用来锻炼上肢力量、协调性和柔韧性，也对手腕的灵活性有一定锻炼。对于驾车人士也可以锻炼一定的手感。

练习方法：

锻炼者身体站立在器材前面，双手放松，双脚自然分开与肩同宽为宜。一手轻握转盘上的手柄顺时针或逆时针旋转，同时两手交替旋转，速度快慢由自己手臂使用的力度决定，建议不要太快，速度要逐渐加快，双手有节奏地用力，达到一定速度时双手可尝试跟随手柄交叉转动。

小贴士

老年人应慢速转动，小孩不宜使用，若速度太快无法控制，双手应立即离开转盘等待转盘速度降低，每次 10 ～ 15 分钟。

跑步机

跑步机由把手、转轴和传送带组成，是一项有氧耐力运动，模拟在地面跑动的过程。当锻炼者双脚向前走动的同时传送带向后运动，锻炼者速度加快时传送带的速度也随之加快，真实模拟地面跑步，在场地有限的地方使用是一个再好不过的选择。长期使用跑步机可以有效提高心脏的承受力和肺部的呼吸能力，练习呼吸的调整功能，增强心肺功能，促进血液循环，加快新陈代谢功能。

练习方法：

锻炼者站立在传送带上，有的可智能调节，可以设定速度和时间里程，锻炼者跟随传送带的速度自然迈动双脚，双臂自然摆动，随着速度的加快，锻炼者可以加快步伐或者小跑，当传送带速度更快时锻炼者就要大步向前跑动。当设定时间到时或者锻炼者不想继续时可以从面前的控制面板上按下停止键，这时传送带将慢慢降低速度，锻炼者也顺势降低速度直到传送带完全停止。

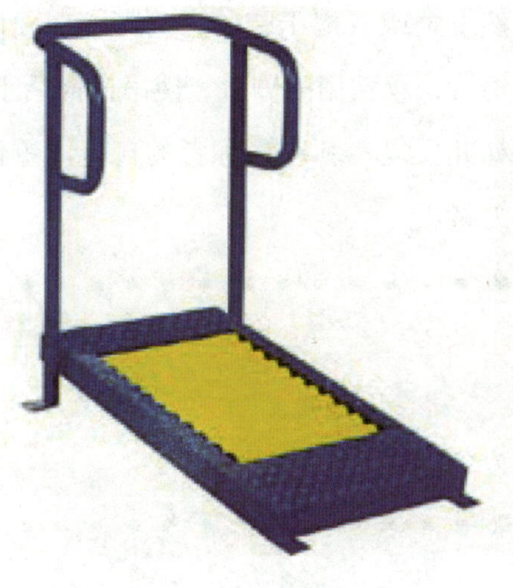

小贴士

初次使用的朋友请选择慢速，慢慢习惯后可逐渐增加，老人、小孩和身体不适的朋友请遵医嘱选择。

蹬力器

外形有点像游乐场的旋转木马，在一个支柱上面悬挂一个悬凳。此款器材可以锻炼两腿的肌肉和弹跳力，是一款老少皆宜的健身器材。

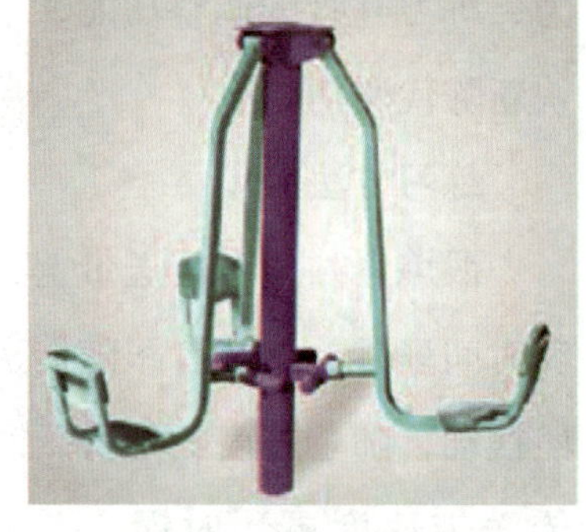

练习方法：

锻炼者坐在悬凳上，双手自然下垂或者抱于胸前，两脚踏在面前的横梁上，背部紧靠悬凳椅背，双腿用力伸直，使吊篮向后上方升起，屈膝使吊篮回落，如此反复，利用锻炼者的自身体重作为砝码来锻炼双腿的肌肉力量。

小贴士

老年人使用时如有不适应立即停止使用，一般以 5 ～ 10 分钟为宜。

足底按摩器

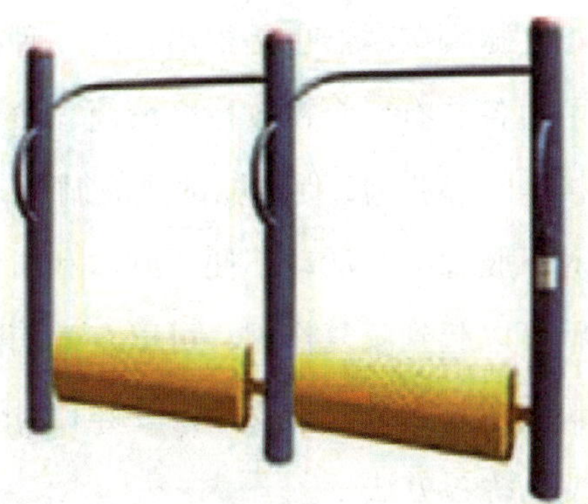

足底按摩器是由简单的支架和一个滚筒组成，滚筒表面有密集的疙瘩褶皱，双脚踩在上面可以按摩脚底的各个穴位，是一款有效的健身养生器材。使用者可以脱掉鞋子或者穿双鞋底较薄的鞋子来使用，通过疙瘩对脚底穴位的按摩也可以察觉自己身体机能的健康状况。在亚健康人群逐渐增加的今天，这是一款既有效又普及的健身工具。

练习方法：

锻炼者赤裸双脚或穿袜子和鞋底较薄的鞋子站立上面（注意细菌的滋生和传染，建议穿鞋套等隔开脚底与滚筒的接触），双手紧握扶手，慢慢滚动转筒，不宜太快。可向前或者向后滚动。

小贴士

老人和小孩应在有人看护的情况下使用。使用时速度不要太快，当心滑倒，当双脚不能控制滚筒时双手应挺立使双脚离开滚筒，保证自身安全。

腿脚按摩器

腿脚按摩器也是很简单的一种社区健身器材，在一根支柱两边各装有一个橡胶按摩滚筒，滚筒表面是密集的疙瘩，用来按摩腿部肌肉，促进腿部血液循环，放松肌肉，对下肢膝关节活动不便、麻木和肌肉萎缩等症状可以起到康复作用，可以有效消除下肢肌肉长时间紧绷造成的疲劳，缓解肌肉酸胀。

练习方法：

手握把手，将腿放在滚轮上前后滚动。

肋木架

肋木架外形类似梯子，由两根支柱连接数条横杠组成，可以有效提高锻炼者的腹肌力量和上肢悬垂能力，长期使用可增强腹部肌肉的力量和承受力，并且可以增加腰部和四肢的灵活性与协调性，使腹部线条流畅优美，身材匀称，有效去除啤酒肚等腹部赘肉。

练习方法：

使用者选择适合自己身高的横梁，双手紧握，使身体悬垂，背部紧靠肋木成悬垂姿势，右腿向上抬举到水平状态后慢慢放下，再向身

体侧面举腿放下。换腿重复右腿的动作。

还可做扶肋木蹲起：面向肋木双手扶肋木的横杆，双脚自然分开与肩同宽，屈膝下蹲，站起，反复练习。

扶肋木摆腿：使用者身体侧向肋木，单手扶稳横木，前后摆腿。

肋木提踵：使用者双脚的前脚掌蹬在横木上，双手扶住横木单靠双脚的力量来上提身体。

小贴士

老年人每组 8 ～ 15 次，中青年以 10 ～ 25 次为宜。长期锻炼可以提高锻炼者的腰腹、下肢以及脚腕的力量和四肢的灵活性、协调性。

平衡木

大家常见的平衡木一般是用 2 ～ 3 根平衡木拼接成的，多为“之”字形，同时也增加了器材的美观和锻炼难度，也有用圆柱铁管制成。平衡木的设计目的是刺激人体的平衡器官组织发展，也可锻炼自身的勇敢顽强的意志力。长期

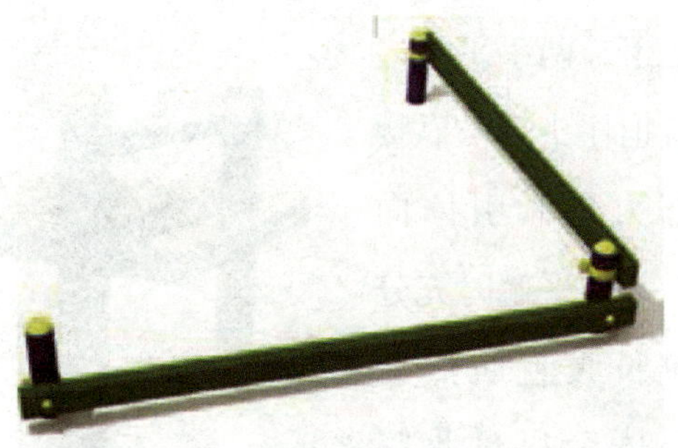

练习可以锻炼身体的平衡性、肢体协调性。

练习方法：

木上行走：使用者站在平衡木一端向前走动，到了尽头可采取后退走动的动作回到起点，然后侧行，身体平衡不宜保持时可以伸开双臂来维持身体平衡，长期使用者也可以为自己增加难度，采取小跑的动作，或者用脚尖行走。

仰卧起坐平台

功能上和腹肌板类似，也是主要锻炼使用者的上腹部肌肉如腹直肌、腹内外斜肌等。相比之下仰卧起坐平台也有自己的特点，它可以提供多样的锻炼方式和动作，比如侧卧侧身起坐、团身起坐、起身后转体、屈膝或直膝两头起等动作，如果锻炼者想增加锻炼难度可以负重起坐来增加身体的力量，可有效减少啤酒肚等腰部赘肉，长期锻炼可以增强腰部肌肉的承受力，使其不易受到损伤，预防腰椎间盘突出、腰肌劳损等疾病。

练习方法：

直臂起坐：身体平躺在平台上，腿部固定在另一端的横梁之下，两手平举或者抱住头部依靠腰部力量做引体向上，在平躺时充分拉长腹直肌然后引体后尽量收腹

折体，上身尽量靠近大腿，双手可以向前伸直触摸脚趾，双腿伸直也可达到压腿的效果，起坐压腿时要快，仰卧时则要慢慢平躺。还可以起身引体到 45 度时进行静止练习，或动静结合，反复练习。

屈膝仰卧举腿：锻炼者头部反方向平躺，双手紧握横梁，屈膝或直腿收腹，双脚向上伸展，或者做蹬自行车的动作，达到瘦腿、去除腿部赘肉的效果。

俯卧起身：锻炼者俯卧在平台上，双脚固定在横梁上，双手放在腰间或头上，向上引上身锻炼后腰肌肉群。

侧腰练习：使用者身体侧卧在平台上，双腿固定在横梁上，向上引上身。

小贴士

仰卧起坐以个数为单位，初次使用者可以视自身情况而定每次几个，然后逐次增加，长期锻炼可使身材匀称。

梅花桩

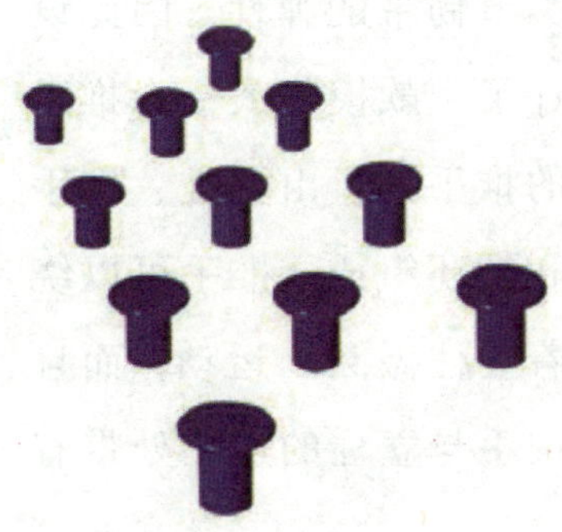

梅花桩起源于中国传统武术，因为外形似一朵朵盛开的梅花而得名，原本为木质，在社区健身器材中为金属制成，高约 10 厘米，桩面成梅花形，

通常情况下 11 个梅花桩为一组，为梅花形或直线形，每个桩面都标有字母或数字等，锻炼者可以根据字母引领按顺序踩桩锻炼，长期锻炼可以提高人们的身体灵活性、协调性、平衡性和反应能力。

练习方法：

桩上行：使用者左脚踏在 A 字桩上，右脚向前踏 B 字桩，依次循环走到 OK 桩，然后向回走，初次使用者可以张开双臂保持平衡，对于梅花桩很熟悉的朋友可以加快速度提高难度。

小贴士

为了增加趣味性，可以两人同时相向而行，老年人以 10～15 次，中青年以 15～20 次为宜。

推手架

太极拳是中国的一种比较具有代表性的拳法，长期练习可以强身健体，增强身体各关节韧带的弹性，因此设计了一款模仿太极拳推手的推手架，由立柱、推手和护环组成，推手可以绕着立柱做圆周运动，而且推手与立柱的连接处带有

阻力，可以增加锻炼的强度。锻炼者以类似推磨的动作形式引领全身运动，有效地增强上肢、下肢和腰部的肌肉力量以及全身各个关节韧带的弹性、韧度，并保持长久、良好的功能。

练习方法：

锻炼者面对器材，双手扶住推手柄，两脚自然放松成弓步状，左脚在前，右脚在后，模仿太极拳的动作推动推手手柄做圆周运动。双手推动使腰部也配合用力，连带腿部顺应上身前后做屈伸动作，达到全身运动的效果。与太极推手器不同的是同时两人使用，两人相向站立，第一个人前推的同时，另一人向后拉，需要两人有默契地配合，保持节奏。

小贴士

两人配合时会对配合能力有一定的锻炼，时间以 3 ～ 5 分钟为宜，速度中等即可。

屈膝摇摆台

屈膝摇摆台由支架、扶手和踏板组成，踏板是半圆形立方体，平面向上，供锻炼者站立，下面的弧形结构可以随着锻炼者的双腿交替屈伸而左右摇摆，类似在小

船上的动作。长期锻炼可以使得锻炼者两侧腰部肌肉充分活动，促进腰部血液循环，有效防止腰腿疼痛等疾病。

练习方法：

锻炼者双脚分开比肩稍宽踏在踏板上，双手扶住扶手，一侧的脚先用力下踩，使踏板下降，另一侧的踏板则随之上升，这时双脚呈弓形，双肩与踏板反方向上下类似活动腰部侧体运动，反复运动。

小贴士

每次练习时间以 3 ～ 5 分钟为宜，速度中等，动作的幅度要从小到大。

扭腰器

扭腰器在美容机构里通常称为“美腰器”，设计的宗旨是充分锻炼使用者的腰部肌肉组织。由底座、底盘、转盘、立柱和把手组成。底座连接地面固定，底座与转盘之间有一个滚珠环，可以使转盘 360 度旋转，

中间连接处摩擦力很小，使用者可以通过惯性活动自己的腰部，是社区健身器材里常见的一种工具。

练习方法：

锻炼者站立在转盘中间，双脚自然站立，两侧空隙保持均衡，双手紧握把手与肩同宽，腰部用力带动脚下的转盘跟着转盘的惯性转动下肢，上身尽量保持不动，由慢到快、由轻到重，角度一般选在 60 ～ 90 度之间，不宜太大角度旋转，腰部左右交替用力旋转转盘。

小贴士

一次运动时间为 3 ～ 5 分钟，速度中等，当转盘转动过快身体控制不住时应迅速双手用力做引体使下肢离开转盘，以免受到不必要的损伤，运动过程中双手不要放开扶手。

踏步扭腰器

踏步扭腰器是踏板和扭腰器的集成品，把两者的功能合二为一，包括扶手踏板，踏板与整体通过一个中央转轴连接，当使用者踩下一侧的踏板时会带动转盘转动。踏步扭腰器可以使锻炼者的

腿部肌肉得到锻炼，同时也可以锻炼两侧肌肉的力量。长期锻炼可以改善腰、髋、膝等关节的功能，有效防止腰膝酸痛的发生。

练习方法：

使用者双手紧握扶手，双脚自然踏立在踏板上，左右脚交替踏步，同时肩部与腿反方向扭动，类似“扭秧歌”的动作。初学者注意由慢到快，踏步用力不要过大。熟练的朋友可以根据自己的体力情况加快速度。

小贴士

时间以 3 ～ 5 分钟为宜，上踏板应先上低的一端，下踏板时则要先下高的一端。

鞍马训练器

鞍马训练器外形类似于体操比赛中使用的鞍马，所以称其为鞍马训练器。由扶手和鞍座组成。使用者可以在上面做多种练习，也可以做一些腰部的部分动作训练。可锻炼使用者的上

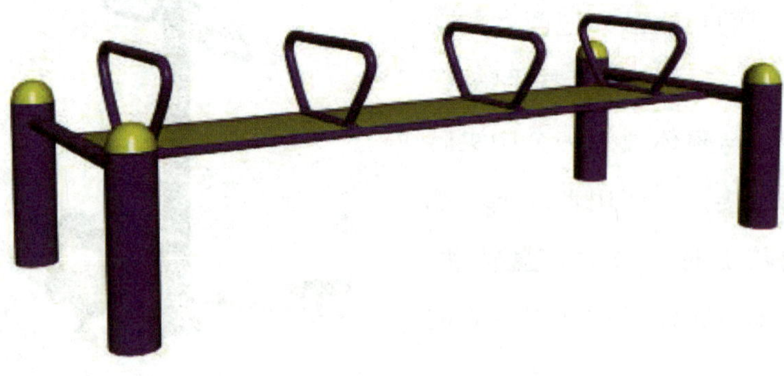

肢支撑力、腰腹力量、下肢弹跳力以及反应能力。

练习方法：

击掌俯卧撑练习：使用者与器材呈斜面，双手紧握扶手，双脚伸直，双手用力推出，同时迅速完成击掌动作。

支撑跳跃练习：使用者双手紧握扶手，向前跳跃过鞍座，落地后迅速向回跳跃。

侧向移动击掌俯卧撑练习：使用者以击掌俯卧撑动作为基础，双手撑起后击掌的同时向一侧移动身体，转移到相邻的扶手上。

小贴士

老年人可根据自身状态选择以上动作。简单动作 5 ～ 12 次，复杂动作 3 ～ 5 次。

步行软梯

步行软梯由支柱、横梁和吊索脚蹬组成，一般为 9 根一组，吊索下面链接脚蹬，上方横梁多为弧形而吊索一样长，因此脚蹬上下错落不齐，从而增加了动作难度，使用过程中由于吊索的不规则晃动，锻炼者需要手脚配合控制

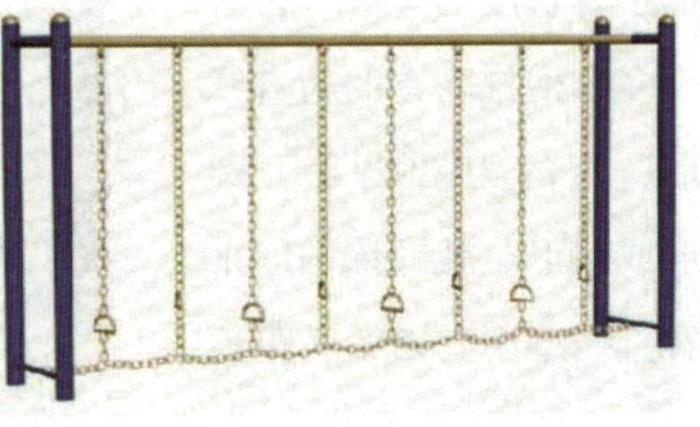

身体重心才能前进。对于提高身体协调性和平衡性有很大帮助。

练习方法：

锻炼者手脚配合完成动作，双手紧握吊索，脚踩住脚蹬，向前走动，从一端走到另一端为一组，也可原路返回，过程中双腿要屈伸有度，顺应吊索的变化而变化，同时也可锻炼人们的反应能力。

小贴士

练习以3～5分钟为宜，建议穿底子较软的鞋子。儿童应在大人的看护下使用。

云梯

云梯的构造也很简单，四根立柱支撑一个类似梯子一样的支架悬在半空，所以人们称其为云梯，高度一般高于普通人身长加手臂长度的距离，装有十多个横杠。有的为直线形，有的为“S”形、圆形或弧形。就锻炼难度来看直线型因其横梁间距均

匀而最为简单；曲型云梯则是根据弯曲度而定横梁间距，难度较大。云梯主要锻炼使用者的手臂肌肉强度和双手握力力度。锻炼者必须用手代脚，手臂与身体协调好，对于上肢肌肉力量和灵活度是一个挑战。完成云梯动作与锻炼者臂力大小有直接关系，因为锻炼者的运动负重就是自身的体重，因此体重较大的朋友要比体重轻的朋友锻炼强度大。

练习方法：

悬垂依次前进：锻炼者站在云梯下面，向上跳起，双手紧握横梁，两腿可以稍微弯曲，身体腾空状态下，一手抓紧横梁，一手向前抓住前面的横梁，双手交替前进。

悬垂车轮跑动作：锻炼者跳起双手紧握横梁悬垂于半空，双腿做跑步动作。

小贴士

对于一般人来说，连续攀爬5格以上为上肢力量合格，10格以上为良好。由于动作强度较大，建议锻炼者循序渐进，结合自身力量决定。运动前应做甩手、俯卧撑等热身运动。

转体训练器

转体训练器由支架、手柄和转盘组成，主要是发展脊柱肌肉、腹内斜肌以及腹外斜肌的柔韧性。

练习方法：

吊环转体动作：使用者站在转盘中间，尽量不要站偏，两侧的距离要一致，防止运动过程中身体滑落导致不必要的损伤。双手紧握上方手柄，腰部用力转体，带动身体转动，以达到效果。两脚也可以选择离开底盘，转体幅度一般选在 90 度以上为宜。

小贴士

双脚离开底座，可以使全身各个主要关节得到活动。

摸高器

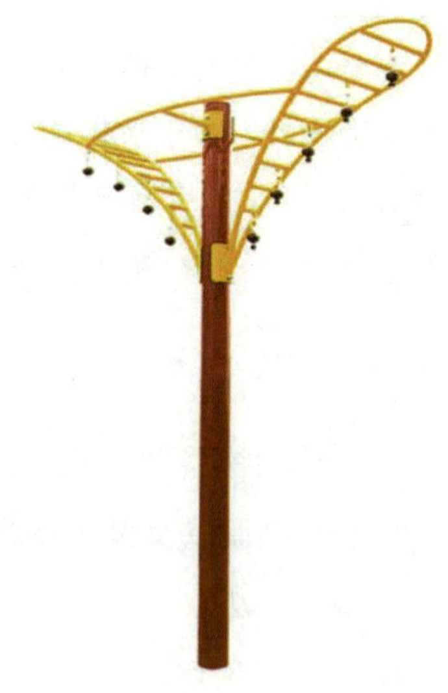

摸高器主要是通过人体纵跳来锻炼人的弹跳能力。摸高器主要是由立柱、悬臂和挂在上面的高度牌组成。有的摸高器的悬臂是呈螺旋状上升，还有“V”字形展开的。一个旋臂上一般可以挂多个高度牌。两个高度牌之间的间距一般在 2 ～ 3 厘米。还有一种是利用一根斜向横梁作为触摸点。弹跳能力是人体的基本身体素质之一，它的强度大小取决于下肢爆发力的大小。对于一般男性来说，弹跳高度 30 厘米为合格，大于 40 厘米为良好，大于 50 厘米为优秀；女性的弹跳高度大于 25 厘米为合格，大于 35 厘米为良好，大于 40 厘米为优秀。

练习方法：

锻炼者面对摸高器原地站立，尽量向上举一只手，用指尖测量上方的高度牌，原地屈膝向上跳起，在起跳即将达到最高点时迅速向上伸出手臂，用指尖触摸高度牌，起跳触摸的高度减去原地站立的指尖高度即为弹跳的高度。

小贴士

起跳时应注意将双手以正确的姿势向上做摆臂动作，可以帮助提高成绩。

摸高横梁

摸高横梁外形与单杠无异，也是主要发展身体的弹跳能力和四肢的协调配合能力。

练习方法：

原地纵跳：双腿屈膝，

双臂后引，双脚用力蹬离地面，单手触摸横梁。

猴爬杆：双手前后紧握横杆，双腿交叉打在横梁上，交替前进。

小贴士

做爬杆动作时练习者要注意防止身体坠落，上杆前要做好防护，比如安全绳等。

跑跳高梁

外形与单杠一致，由两根支柱和一根横梁组成。可以做多种健身练习动作。

练习方法：

斜体俯卧撑：锻炼者面对横梁站立，双手与肩同宽，紧握横梁，身体斜面站立，屈臂做俯卧撑练习动作。

倒挂收腹练习：两腿屈膝挂在高梁之上，头向下，收腹后双手触摸膝关节。

小贴士

中年朋友每组 3 ～ 5 次，青年朋友 5 ～ 12 次。

跳跃横梁

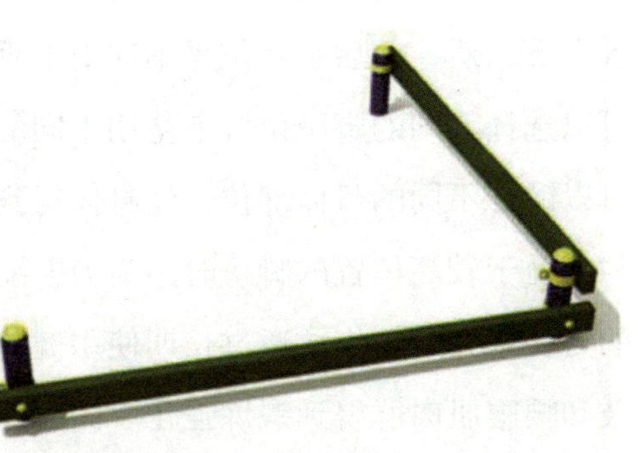

外形与单杠一样，只是立柱缩短，离地面高15厘米左右，长期练习可以发展人的弹跳力和身体各个部位的灵活性，以及人体对器材高度的判断能力，也有的器材高度不一。

练习方法：

跳跃横梁：锻炼者面对横梁选合适的距离自然站立，向前跳过横梁，然后再转身跳回来。

交叉跑跳：锻炼者侧身面对横梁站立，外侧腿先跨越横梁，然后呈“之”字形左右交叉向前跑跳前进。一节可做3次练习。

小贴士

每次2～6个往返为宜。

健骑器

健骑器外形以及运动动作酷似骑马的动作，因使用时人体随器材上下起伏犹如健儿骑马飞奔一样而得名。健骑器由底座、座鞍、脚蹬以及把手等部件组成。一般的社区多以水泥浇筑，使器材更加固定稳定。健骑器两侧装有类似马上的脚蹬，两侧各上下一对，前后水平位置不同上下垂直高度也不同。锻炼者可以选择不同的脚蹬位置来使用不同的姿势，通过不同的姿势可以锻炼不同的身体部位，使身体得到更加全面的锻炼。选择相对处于较高位置的脚蹬时因为力臂缩短，锻炼者必须用更大的力度来完成动作。通过长期使用健骑器可以使人体的上、下肢和腰腹肌肉群得到锻炼强化。同时还可以塑造体形，这项运动可以消耗人体多余的能量，有助于减肥，又可以增强人体心血管系统的功能，对于改善人体关节活动也有很大的好处。

练习方法：

锻炼者自然放松坐在坐垫上，双脚踏进脚蹬，双手紧握扶手，与肩同宽，上身保持挺胸抬头。运动时双脚用力向下蹬脚蹬，同时双臂用力将把手拉向自己的身体，使健骑器前轴和坐垫绕主轴产生折叠直至双腿蹬直，并使身体得到尽可能的伸展。然后腿、臂放松，在自重的作用下，使健

骑器回到初始位置。可多次重复动作。上身训练时保持同样的姿势双脚不用力，单靠双手力量拉动把手靠近自己的身体，使身体尽可能地伸展，以加大手臂的负荷。

下肢训练：以同样的姿势坐在坐垫上，双手紧握把手，然后双脚用力，双手放松，单靠下肢的力量使健骑器运动，直至双脚伸直，以加大腿部的练习负荷，然后放松，回到初始位置。可以多次重复。

小贴士

练习一般以每分钟 50 次左右的速度进行，中年人做 1 组，青年人可以进行 2 ～ 3 组，老年人根据自己的身体状况酌减。练习时呼吸的控制调整很重要，一般可采取上拉时吸气，向下坐时呼气。

划船器、划艇器

划船器、划艇器是模拟划船运动的健身器材，设计者巧妙地将原本只能在水上运动的器材搬到了陆地上。划船器主要由固定坐垫、脚蹬、桨把以及阻力构件组成，是划艇器结构的简化升华，其主要区别是划艇器采用的是划凳，而划船器则用的是固定坐垫。阻力构件可以说是该器材的核心部件，有的是选用液压油缸作为阻力，也有的采用重铅块或弹簧。采用液压油缸的器材好处是运动时阻力均匀，噪声低，效果好，但是油缸结构复杂，一旦密封圈损坏漏油则无法产生阻力，也就达不到锻炼的效果，且造价较高，不利于节能环保。因此锻炼者在使用液压油缸为阻力的划船器时应检查油缸是否正常工作。划船器、划艇器是全身运动器材，通过锻炼，可以有效增强人体的腿、腰、上肢、胸和背部的肌肉力量，也是一项有氧耐力训练，长期练习能有效增强锻炼者的心肺功能。

练习方法：

划船器：锻炼者坐在坐垫上双腿略微弯曲，双腿蹬在脚蹬上，身体前倾，双手握住桨把，与肩同宽，类似划船姿态。练习者模仿划船动作，在腰、腹、背肌肉群的共同作用下，使上身向后仰，同时双手用力，将桨把尽力向后拉向自己的身体，然后转换为将桨把向前推，同时向前倾，恢复到初始状态。此为一个动作周期，通过周而复始地多次运动，达到预期的锻炼目的。

划艇器：练习者屈腿坐在滑凳上，双脚紧紧踏住脚蹬，双

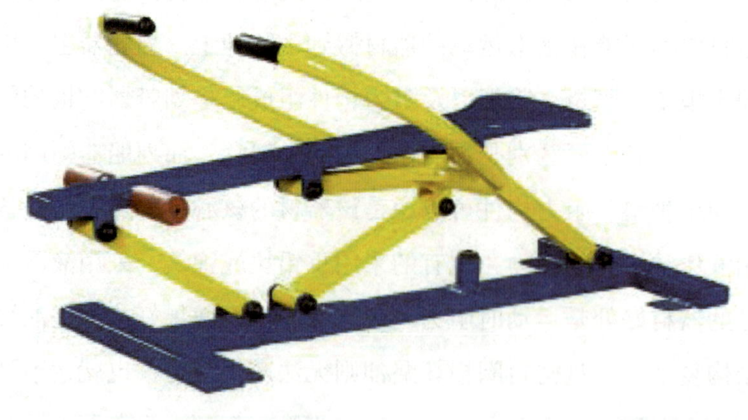

手握住桨把，腰部弓起，并使滑凳前移。练习时，首先应双脚用力蹬，使滑凳向后滑动，同时双臂和腰背肌肉用力，向后拉动桨把，直至伸直双腿，人体后仰将桨把靠近自己的胸前；然后双臂向后推，同时两腿弯曲，腰部弓起，滑凳前移，使桨把恢复到初始状态。如此反复练习。

小贴士

划船器、划艇器练习的运动量较大，使用者应根据自己的体能情况合理掌握运动量。一般每周进行2次左右为宜。初学者一般掌握在每分钟划20～40次，连续运动2～3分钟为一组，2～3组为宜，经过一定时间的锻炼可以逐渐加大运动量，达到每分钟40～60次，3～5组。

踏步器、登山器

踏步器、登山器模拟了现实生活中人们上楼梯、爬山等运动形式，也是锻炼有氧耐力的健身器材，对人体腿部力量的强度具有较好的锻炼效果。

构成踏步器的主要部件有底座、踏板、扶手以及阻力构件等。登山器设计有手攀的支架，运动时需要手脚并用。器材一般都装有阻力部件，有的器材以液压油缸作为阻力，也有的采用弹簧等为阻力。阻力部件与踏板相连，当用脚将踏板踏下时，必须克服液压油缸的阻力，因此进行此类锻炼时，其动作与原地踏步动作相似，但所要做的功却要大得多。阻力部件是器材发挥其锻炼功效的基本要素，所以锻炼前要检查器材功能是否完好。

练习方法：

踏步器：双手紧握扶手，与肩同宽，两脚踏在两个踏板上，模仿登楼梯的动作，两脚依次交替用力，将踏板踩下。

登山器：双手拉住手攀支架，其位置尽可能高，两脚踏在踏板上，站稳后模仿登山动作，两脚依次交替用力将踏板踏下。运动时应手脚配合，做到一侧踏板被踏下时，对侧的手臂处于向上充分伸展的状态，以拉动身体对侧的肌肉和韧带，达到力量和柔韧性同步发展的目的。

小贴士

进行踏步器和登山器锻炼时，中青年人的锻炼速度一般掌握在每分钟踏步 50 ～ 70 次，一次锻炼时间为 3 ～ 5 分钟为宜，老年人根据自己身体具体情况酌减。

呼啦圈

呼啦圈又叫艺术体操圈，多用塑料或橡胶制成，构造简单，就是一个简单的圆圈，规格、重量、材质等没有严格的规定，不过专家建议呼啦圈的重量不宜过重，以一根手指可以支撑为宜。经常进行呼啦圈运动能够保持良好的身段，使得身体的腰、腹、臀、腿肌肉不僵硬、不退化。强健的肌肉力量、健美的身体形态以及良好的身体活动幅度与运动能力是生命活动和价值的重要体现。健身者可以根据自身的体力与经验进行各种呼啦圈的腰腹运动。

练习方法：

使用者自然站立，全身放松，将呼啦圈从脚部或头部套进身体外围至腰部，双手将其持平，将呼啦圈一侧的内壁靠近身体，双手向反方向圆形甩动放手，前后左右扭动腰部，使其围绕腰部旋转，达到健身目的。停止时可以身体站立不动任其自己停止转动落地。

小贴士

运动频率：每周 4 ～ 6 次，每次 2 ～ 3 组，每组 20 ～ 30 分钟，

组间休息 10 ～ 15 分钟，一般不超过 45 分钟。腰部有疾病或者心脏不适的朋友应慎重选择此项运动。

悬空转轮

悬空转轮是由一个单杠架和两到三个悬挂的转轮组成，是一种趣味性运动器械，可以增进身体的协调能力、大脑抗干扰能力和反应能力，并增进上肢力量，对颈椎有一定好处。

练习方法：练习者双手握转轮，身体悬垂，可随转轮转动。

小贴士

练习者不宜转太快，以中等速度为宜。

臂力训练器

臂力训练器由机架、绳子、偏心轮、定滑轮、动滑轮、固定卡、导向装置、支架、重物和手柄构成，其中，固定在机架上的绳子绕过固定在支架上的偏心轮，再绕过一组滑轮后连接一个手柄，支架安装固定于机架上。臂力训练器练习能够实现在臂力体能训练中施加不同的阻力。

练习方法：

两人分别在转轮两侧向对方相反的用力方向推动轮边缘，以锻炼自身臂力。

小贴士

练习者两人要互相用力，如一人松开，需提前告诉另一练习者，否则有受伤危险。

儿童秋千

儿童秋千是比较普遍也比较受青少年及儿童喜爱的路径器材，儿童秋千健身性与娱乐性并存，其中娱乐性是其大受欢迎的主要原因。主要由支架、吊索和托盘座板组成。正确的儿童

秋千练习能提高身体的灵活性、协调性，增强腰腹肌肉力量。

练习方法：

练习者手扶吊索，坐在座板上，随着秋千的摇摆有节奏并均匀用力摇摆。可以两人协作进行。由一人先进行练习，另一人在一旁推送，掌握高度和幅度。然后换另一个儿童练习。

小贴士

儿童练习时，一定要有大人在一旁看护。摆动幅度不宜过大。

举重架

举重架由两个立柱和一个举重杠铃组成，是公园、社区中常见的健身器材，操作方便，富有趣味性。一般杠铃不会太重，以便适宜各类锻炼人群。举重架练习可以很好地增强肩带肌肉力量，经常练习也可以协调身体柔韧性。

练习方法：

练习者双手抓住横杠上举，下肢可配合做屈膝动作。可作为常规举重器械作用，每次训练 5 ～ 8 分钟。

小贴士

老年人可以适当练习，年龄过小的儿童不宜练习。

立式跷跷板

立式跷跷板由两个立柱作为支架，中间是一个椭圆形跷架，可上可下。两端分别有横掌和扶手，两端下方各有一个橡胶轮，可增加弹性，是富有趣味性的健身器材。正确的练习可以锻炼身体的协调能力和平衡能力，同时锻炼臂部及腿部肌肉。

练习方法：

利用杠杆原理，手握把手，站立于摆架横杆上，两端上下起跷，二人同时操作运动。

小贴士

儿童练习时要有成人监护。

坐拉器

坐拉器可以增强上肢及背部肌肉力量，提高人的心肺功能，同时能够改善上肢及肩背肌群力量，对关节酸痛、屈伸功能障碍（如冻结肩、网球肘、肩周炎）等有康复作用，适用于各年龄段人群。坐拉器是一种常见的户外健身路径，分为单人坐拉器和双人坐拉器，适用于学校、社区、公园等户外场所。

练习方法：

背对器械坐下，双手握住器械手柄缓慢用力下拉，然后缓慢还原，重复动作，每次最多限两人使用。

小贴士

禁止站在座位上运动；有疾病的人士应征得医生同意后方可使用，使用时须有家人看护；儿童使用时须有成年人在旁看护。锻炼者在使用过程中若感到身体不适，应立即停止并咨询医生。

第三章

科学健身篇

健身路径组合设计的原则

所谓健身路径就是由不同器械组成的较系统的锻炼身体的方法。在设计时，我们遵循以下几项原则：

1. 实用性原则。主要是指利用不同器械的同一类功能来发展人体的某一项素质。根据人体身体素质的分类，制定出发展不同身体素质的路径。如速度素质路径、力量素质路径、柔韧素质路径、协调素质路径、综合性路径等。这样就使得群众不仅懂得应该怎样练，而且知道练什么，从而使练习的目的更加明确。

2. 针对性原则。主要是指在设计路径时，要针对锻炼者的实际情况进行设计。如针对老年人的路径或针对女性的路径等。这样可以使不同年龄、性别组别的锻炼群体依据自身条件选择适合自己的路径进行锻炼。

3. 运动量适宜原则。主要是指设计各条路径时，要结合锻炼者的身体情况，依照身体健康程度不同、年龄不同或性别不

同，安排不同的站数并具体规定每一站相应的练习负荷，以达到科学健身的目的。

4. 顺序性原则。指在进行各种路径锻炼时，身体各部位的练习要依据一定的顺序进行。遵循由下而上、由上而下或由大关节到小关节、由大肌肉群到小肌肉群的顺序进行练习。如力量素质路径，就可以依据先练上肢，再练腰腹肌，最后练下肢的顺序安排。同样也可以先练下肢，再练腰腹肌，最后练上肢。对于其他路径也是同样的道理。

5. 趣味性原则。指在设计路径时，要尽可能地使练习过程具有变化性，主要体现在器械的变化及练习动作的变化两方面，使练习不致枯燥、无味。

6. 安全性原则。指在设计路径时，要根据锻炼者的实际情况来选择器械和各种练习动作。比如，有些器械及有些器械上的动作不适合老年人，有些不适合女性，这样做的目的是避免伤害事故的发生。我们针对一定的器械，依据科学原理组合设计了一些适合不同年龄、不同性别、不同身体状况的锻炼群体的锻炼路径，但由于新器械的不断出现，路径也会变得更加丰富多彩，因此，我们这里所研制的路径仅供体育锻炼者参考使用，而更重要的是我们把设计路径所运用的理论依据、思路及方法介绍给群众，锻炼者自身掌握了路径设计的方法，则会收到事半功倍的效果。

在路径锻炼过程当中，应注意以下几点：对于有危险的器械不宜勉强进行；初练者应循序渐进地锻炼；老年人和女性练习强度不宜过大。

不同年龄人群的健身路径的锻炼方法

老年人健身路径锻炼方法

老年人运动健身主要以健康快乐为主。老年人运动健身的时间充裕，每次锻炼身体时间较长，大多都超过一小时。老年人健身生活有以下几个特点：“消磨多余的时间，解除精神上的寂寞；人际交流，消除孤独；预防和治疗疾病，延年益寿。”老年人的锻炼多以群体的方式进行，这样的群体一旦成型，就不容易改变了。老年人喜欢在固定的场所选择各种健身项目，而且老年运动健身的动机也是很多样化的。

太空漫步机

老年人在进行太空漫步机练习时，应保持身体自然挺直，双手紧握把手以保持平衡。“太空漫步”时，摆腿的幅度最好为 45 度左右，运动速度为中等，每分钟完成 50 ～ 60 次往返，每天锻炼 2 ～ 3 组，每组 2 分钟。时间最好选在每日 15 ～ 16 时，

这段时间内机体的状态最佳，灵敏度较高，体内有益健康的激素分泌较多，而且锻炼后精神振奋，会促进胃肠功能，有利于晚餐的消化和吸收。

扭腰盘

老年人在进行练习时双脚站于底盘上或者坐在座椅上，身体直立，抬头挺胸，目视前方，双手抓握训练器把手或两侧的把手，上体保持不动，向左右方向反复做转体练习，使躯干两侧肌群充分拉伸。运动速度为中等，每天进行 2 ～ 3 组练习，每组进行 3 分钟左右。扭腰盘主要是锻炼腰部、腹部的肌肉力量，尤其是腰肌的力量，可提高颈椎、

胸椎、腰椎关节的灵活性，改善腰、背部的血液循环，缓解腰、背肌肉的紧张状态，防止腰肌劳损。

太极推手器

老年人在进行锻炼时面对器械，双脚同肩宽，双膝略弯曲，双手张开，做太极推手动作，并推动转盘转动。练习速度中等，一次锻炼时间一般掌握在 3 ～ 5 分钟做 2 ～ 4 次。通过肩、肘、髋、膝等关节的活动和按摩手掌，以达到贯通血脉、活动筋骨、增强相关肌群功能的目的。转盘上的按摩点的作用是在推手过程中对手掌心进行按摩。根据中医理论，手掌中存在着许多穴位，并通过经络与人体的内脏功能建立起密切的联系，因此对手掌进行适当的按摩，就可以通过经络，改善人体内脏的功能，从而促进老年人的身体健康。

上肢牵引器

老年人在进行锻炼时双手握住手柄，左右手交替牵拉绳索，通过手臂的上下交叉运动，使肩关节及相

关部位的肌肉得到锻炼。锻炼的动作既可以是上举，也可以是外展，每天进行 4 次练习，一般每次可锻炼 3 ～ 5 分钟。上肢牵引器的锻炼可以改善肩关节的活动功能，增强肩带肌肉力量，改善局部血液循环，并有效预防肩周炎。

慢跑机

老年人在锻炼时握住扶手，站在跑台上，身体稍前倾，匀速地慢跑或走。练习时须注意迈脚时要提膝，并以前脚掌落在第一滚轴上，向后方踩动。老年人应当注意练习速度要由慢而快，每次练习时间一般掌握在 30 分钟左右，每天进行 2 组练习，运动强度为中等。在慢跑机上进行慢跑时对于保持中老年人良好的心脏功能，防止肺组织弹性衰退，预防肌肉萎缩，防治冠心病、高血压、动脉硬化等，具有积极的作用。

腰背按摩器

老年人在进行锻炼时，应背向练习器站立，手扶把手，背

部紧贴按摩器滚筒，左右缓慢移动，按摩腰背部肌肉或背向练习器坐在座板上，背部紧贴按摩器滚筒，上下起蹲以按摩腰背及肩部肌肉。老年人练习时手要抓紧把手，按摩的速度要慢，每组练习的时间一般为 3 ～ 5 分钟，练习 2 组，一般可达到放松、按摩背部、腰部的肌肉，消除腰背、颈肩部肌肉疲劳的目的。

伸腰训练器

老年人在进行练习时，两腿伸直站立，手抓住两侧的扶手，然后身体慢慢向后仰，使腰背部靠在伸腰训练器的圆柱形曲面上，充分伸展成桥形，保持 5 ～ 8 秒，然后缓慢恢复到起始状态。老年人可做 5 ～ 8 次。做该练习时务必双手抓牢扶手，动作幅度要循序渐进。伸腰训练器主要是改善腰、背部柔韧性。但值得注意的是，有腰部疾病和患有严重骨质疏松症的老年人不要使用伸腰训练器。

老年群体在进行健身路径练习时要注意的事项和原则

其实，老年人并不是所有的健身器材都适合，比如蹬腿器、健骑机和牵引器这几种常见的器材。蹬腿器的主要作用是锻炼腰部还有下肢的力量，有的老人经常膝痛，上楼下楼腿脚没有力气，想当然地认为用蹬腿器练习一下，就能增强腿部力

量。然而，有以上问题的老人有可能患有髌骨软化症，本身髌关节的负重功能就不是很好，如果再做强度大的下肢练习，很有可能损伤伸膝肌群，使之前的症状加重。

老年人应该先确定自身的身体状况是否适合健身路径器械锻炼，特别是非健康的人群，健身锻炼应征求医生的意见后再进行练习，否则练习强度没掌握好，会适得其反。做所有的事都要循序渐进，健身锻炼也是这样的，无论是漫步机，还是牵引器、扭腰器，刚开始练习先要慢慢上手，然后逐步加大运动量，不要贪多求快。健身前需要先热一下身，而且还要注意检查一下器械有没有问题，以免发生意外。年纪较大的练习者在锻炼时最好有家人陪伴，也可以和其他锻炼者结伴运动，相互照应。

应该优先选择有助于心脑血管健康的健身运动器材，如太

空漫步机和慢跑机，且练习时不要过于剧烈。年龄较大或体质相对差一些的人可以适当减少练习时间和强度。

要适当进行力量锻炼，对减缓骨质流失、预防肌肉萎缩、维持器官功能均可以起到积极作用。老年人应选择轻量、安全的力量锻炼，每次锻炼时间不宜过长。

须注意保持各项体能锻炼的均衡。肌肉伸展、力量训练、弹性训练及心血管运动等多方面的运动保持均衡，根据老年人自身的状况适度搭配练习。

健身路径极大地丰富了老年人的生活，为健身活动增添了新的内容和乐趣。老年人应根据自己的身体状况，选择合适的健身设备，采用科学的方法进行健身运动，遵循科学的原理，掌握运动的时间和适当的运动强度，充分利用各种资源和条件，

努力提高自己的身体素质，从而有效地预防和治疗心血管疾病和其他慢性疾病，延缓衰老，改善健康，提高生活质量，而且还可以减少自己家庭的医疗负担，节约医疗资源和资金，最终实现健康、和谐、和平的生活。

小贴士

要关注与锻炼相关的心理因素。由于老年人体质较弱，体能较差，不少人锻炼时会产生畏惧情绪，这样将使锻炼效果大打折扣。因此，老年人锻炼时应当有正确的心态，只有坚持锻炼才能起到强身健体的作用。

儿童和青少年健身路径锻炼方法

适当的锻炼可以促进儿童和青少年的健康成长和发展，可以增加自信、自尊和成就感，有效预防和控制某些慢性疾病，儿童和青少年时期的运动习惯可以持续到成年，直接影响未来的健康。但必须明确，极限负荷强度和负荷量并不是最好的解决办法，低强度、低负荷，累积坚持有规律的体育锻炼，才会促进青少年的生长发育和身体健康。

儿童和青少年健身的必要性

小学高年级和初中阶段是孩子第二个快速生长发育期，是人类器官的发育和身体素质发展的关键时期，改善神经、骨骼、肌肉的结构和功能，心肺、免疫、生殖系统也在这一时期完善。人类身体不可缺少的基本素质，如协调性、平衡性、柔韧性、反应速率在这一时期

是发展最好的时期，而心血管耐力、力量等身体素质主要在高中、大学阶段进行发展。而且从小开始锻炼身体对于养成终身锻炼习惯非常重要。健身人群中那些动作敏捷的中老年人，多数是小时候就喜欢锻炼的人，而动作迟缓、不协调的人大部分从小就不爱动。

儿童和青少年健身的特殊性

科学研究证明人的心理成熟时期在 20 ～ 30 岁之间，小孩子的心理不宜承受较大的运动量，针对其特殊性制订孩子的运动计划，才能更好地达到预期的锻炼目的。过度锻炼会影响到孩子的生长发育。少年儿童的骨质还比较疏松，弹性很大，不会轻易骨折，但承受过重的力量后容易变形、弯曲。这些特点就要求少年儿童不宜进行高强度的力量练习，以避免骨骼变形，影响到正常的生长发育。少年儿童肌肉分量很少，骨骼肌中水分比较多，收缩蛋白量相比较少，肌肉中能源物质储备较少，肌纤维横截面积相对较小，所以，其肌肉

力量素质比较差，适合做一些柔韧性、灵敏性的锻炼。少年儿童活泼喜动，精力比较充沛，新陈代谢旺盛，容易疲劳，恢复也快，容易接受形象具体的事物，但是抽象思维能力比较差。少年儿童呼吸、循环系统机能还没有发育完善，呼吸深度较小，心肌收缩力比较弱，健身时应当适度。少年儿童关节还不够牢固，容易造成关节的扭伤或者关节脱位，在进行关节柔韧性练习的时候，应该避免长时间的掰、压，否则会有韧带损伤、骨骼变形的危险。少年儿童应该避免过多的屏气动作，练习密度要小一点，运动量不应过高过急。中间间歇时间要长一些，练习的时间不宜过长。少年的心理特征表现为好胜心强，一般对自己能力估计过高，在运动锻炼中应该注意自我保护，加强健康观念的培养。

儿童、青少年健身路径的选择

儿童、青少年正处于身体发育期，进行健身路径锻炼的主要目的是促进身高的增长、增强体质、塑造体形，提高智力和心理素质，因而选择健身路径时要以柔韧、有氧运动为主，力量运动为辅。健身器械锻炼要以游戏为主，在成人的陪护下，可经常锻炼柔韧、攀爬、跳跃、秋千等器械项目。比如我们可以选择漫步机、肋木架、仰卧起坐平台、臂力训练器、儿童秋千等器械进行组合。

小贴士

儿童进行路径练习时，一定要有大人在一旁监护。

中青年健身路径的选择

伴随着全民健身运动方案的实施，大众体育价值观和自我健身意识不断增强。在体育人口数量不断增长、健身运动队伍不断扩大的同

时，作为大众锻炼身体重要手段的体育运动，已经融入国人生活和工作之中，成为改善人们生活方式、提高生活质量不可或缺的重要因素。但是多种资料证明，中青年群体参与运动锻炼的人数相对偏低，35 ～ 55 岁的年龄段之间，将近 60% 的人几乎不参加任何体育活动，即便有头晕失眠、疲惫乏力、精神紧张、食欲不振、性能力下降、赖床嗜睡等亚健康状态出现，也不以为然。长此以往会导致各种慢性非传染性疾病的滋生，严重影响中青年群体的身心健康。

中青年人群健身的必要性

我国唐代名医孙思邈说过:“养生之道,常欲小劳。”实践证明，通过长期的锻炼，不但能有效减轻精神压力，有助于人的心理健康，而且会使许多慢性疾病得到预防和治疗。运动可以提升人体的新陈代谢水平。有关专家表示，有碍精英人群健康的两大问题之一，就是新陈代谢紊乱。如长期久坐不动，则容易肥胖与便秘。而通过适当地锻炼，能够有效促进人体新陈代谢和血液循环，可以消耗多余脂肪，防治肥胖，增加肠道张力与

肠蠕动，对便秘起到防治作用。

锻炼身体可以预防和减少心脑血管疾病的发生。美国专家对8000余名中年人进行了为期12年的调查证明，长期从事体育锻炼的人比不参加运动或偶尔运动但运动剧烈的同龄人死亡率低很多，心脑血管病、糖尿病、癌症、老年痴呆的发病率减少35%，寿命延长4～6年。我国有关机构研究表明，随着运动量的增加，死亡的威胁逐渐减少，当能量消耗超过每周2000千卡时，心血管病死亡率会降低24%。

运动可以有效提高人体的抗病能力。据测定，一般老年人每毫升血液中有900个T淋巴细胞，而坚持长跑锻炼的老人则有1050个，相对提高16.6%。每百毫升唾液中免疫球蛋白的含量，锻炼前为48.8毫克，锻炼后为64.98毫克，相对提高了32.8%。这有力地说明体育运动能让人体内产生更多的T淋巴细胞，提高免疫球蛋白的含量，从而提高人体的抗病能力。

运动可以改善人

的心理健康程度。美国专家表示，长期坚持跑步可防治精神疾病，比如抑郁症，因为跑步时人体内类似吗啡作用的脑啡呔含量增加，使人产生一种特殊的欣快感，从而获得轻松愉悦的情绪。美国精神科专家一般都会选择用跑步来治疗抑郁症，一段时间后，有 80% ～ 85% 的患者得到了显著的改善，甚至超过了药物的疗效。长期参加体育锻炼，能提高脑组织的供血供氧量，使人精力充沛，提高工作效率，拥有良好的机能状态。也有助于解除精神疲劳和紧张，改善人们的睡眠质量。

中青年人群健身路径的选择

健身运动不仅能强身健体，防病治病，延缓衰老，同时锻炼者还能有愉悦的心情，可谓一举多得。所以中青年人群应积极参与健身锻炼。公园、小区里的健身路径器材是中青年人群

闲暇之余锻炼放松的最佳选择，既方便实用，又节省时间。养成良好的健身习惯，锻炼出一个健康的身体，是对工作最有效的保障。

单杠

练习者双手紧握横杠，拇指向后，双手用力向上拉动身体，双脚并拢保持垂直于地面，拉动时以下巴过杠为标准。每次做

4～6次。

肋木架

练习者选择适合自己身高的横梁，双手紧握，使身体悬垂，背部紧靠肋木成悬垂姿势，右腿向上抬举到水平状态后慢慢放下，再向身体侧面举右腿放下。换左腿重复右腿的动作。左右腿各做2～3分钟。

太空漫步机

练习者双手握把，两脚分踏于两个踏板上，自然交替摆动，

如此周而复始，使两腿以自然协调的姿势交叉漫步。练习5分钟。

腰部按摩器

练习者在进行锻炼时，应背向练习器站立，手扶把手，背部紧贴按摩器滚筒，做左右缓慢移动，按摩腰背部肌肉或背向练习器坐在座板上，背部紧贴按摩器滚筒，上下起蹲以按摩腰背及肩部肌肉。每组练习的时间一般为 3 ～ 5 分钟，练习 5 组。

平衡木行走

练习者站在平衡木上做向前、向侧、向后行走，两臂侧举以维持身体平衡。熟练后可增加行走速度、难度。把走变成提

踵走或者小跑若干个往返。

小贴士

练习者要针对当天身体状况，如果工作累了，可适当缩减锻炼时间。

不同健康水平人群健身路径的锻炼方法

高血压患者健身路径锻炼方法

高血压是世界最常见的疾病，也是最普遍的流行病之一，常引起心、脑、肾等脏器的并发症，严重危害着人们的身体健康，然而坚持规律的体育锻炼可以使血压下降，心肺功能提高，精神压力减小，促进高血压病患者康复，缓解病症。

高血压患者更需要坚持长期进行有氧体育运动，每周至少锻炼 3 ～ 5 次，每次 30 分钟左右。如持续运动 30 分钟有困难，可以分多次进行，每次运动 10 ～ 15 分钟，每天累计达 30 分钟也可以。患者可根据自身状况、个人喜好和现实条件，选择合适的运动方式。适当运动不仅有利于降低血压，还可改善心肺功能，糖尿病、高血脂者有助于控制血糖、血脂。高血压病人不宜做无氧运动，也不宜选择过于剧烈的运动项目。

有氧运动

有氧运动是指人体在氧气充分供应的情况下进行的体育锻炼，它的特点是强度低、有节奏，持续时间较长。所谓无氧运动，是指肌肉在“缺氧”的状态下高速剧烈运动，比如赛跑、举重、投掷、跳高、跳远、拔河、肌力训练等都是无氧运动。

有选择地进行锻炼

现在在很多小区中，都可以看到中老年人在跳舞、慢跑，这些都属于有氧运动。同时，也有很多中老年人选择使用小区公共健身器材进行锻炼，但锻炼时一定要选择正确的健身器材。

高血压患者可以根据自己的性别、年龄、病情、

自身体质状况来选择不同的健身器械进行组合，锻炼时，要采取小运动量、节律较慢的放松性运动。

扭腰踏步器

高血压患者练习时双手握扶手，站立于踏板上，左右脚交替踏步，在踏步时肩部与下踩的腿部做反方向扭动，像扭秧歌一样反复扭动。初练习者应注意从慢速度开始，踏步用力不可过大，熟练后可根据自己的体力情况逐步加速。上器械时应从低端踏板先上，运动结束要下器材时则应从高端踏板下。踏步扭腰器可以锻炼下肢肌肉，同时两侧肌肉也可以得到锻炼，可以改善腰、髋、膝关节的功能，防止腰腿酸痛的发生。

云手转轮

高血压患者面向器械自然站立，双手抓住两个手柄，双腿

略分开稍宽于肩，双手转动手柄使转轮转动。转轮的转动方向可以自己掌握，可向左也可向右，也可相向转动。在转动时两腿应该随着手柄运动，做上屈下伸运动。练习者一次锻炼 3 ～ 5 分钟为宜。云手转轮可以增强上肢肌肉力量，改善柔韧性。

平衡木

高血压患者站在平衡木上做向前、向侧、向后行走，两臂侧举以维持身体平衡。熟练后可增加行走速度、难度，把走变成提踵走或者小跑。练习者每次 3 ～ 5 个往返为宜。平衡木以锻炼平衡器官为主，同时还能锻炼身体协调性。

腰背按摩器

高血压患者在进行锻炼时，应背向练习器站立，手扶把手，背部紧贴按摩器滚筒，做左右缓慢移动，按摩腰背部肌肉或背向练习器坐在座板上，背部紧贴按摩器滚筒，上下起蹲以按摩腰背及肩部肌肉。老年人练习时手要抓紧把手，按摩的速度要慢，每组练习的时间一般为 3 ～ 5 分钟，练习 2 组一般就可达到放松背腰

部肌肉，消除肌肉疲劳，调节神经系统，达到保健、康复的目的。

高血压人群进行健身路径锻炼，可促进其热量的消耗，减少多余的脂肪，改善脂类新陈代谢，控制体重，增强心脑血管应激能力，从而增强体质。健身路径锻炼可有效防治原发性高血压，尤其适合轻度、中度高血压患者。

小贴士

高血压病人坚持锻炼固然是好，但是体育锻炼也应因人而异，以运动后不出现过度疲劳或明显不适为限。运动强度应先弱后强，只要达到有效心率范围即可。对于年龄较大、血压较高或有其他并发症者，应根据具体情况适当减小运动强度，尤其应避免在运动中发生意外。急性期或严重心脑血管疾病患者，应暂时停止体育锻炼。

肩周炎患者健身路径锻炼方法

肩周炎的危害

肩周炎是以肩关节疼痛或活动不便为主要症状的病症，发病年龄一般在 50 岁左右，女性发病率略高于男性，多为体力劳动者。如果得不到及时有效的治疗，有可能严重影响肩关节的活动功能。肩周炎早期症状呈阵发性疼痛，时常因为天气变化或者劳累而诱发，以后逐步发展为持续性疼痛，并且慢慢加重，昼轻夜重，肩关节向各个方向的主动和被动活动均受限制。肩部受到牵引拉动时，会引起剧烈的疼痛。肩关节有广泛疼痛，并向颈部及肘部蔓延，还可出现不同程度的三角肌肉萎缩。

肩周炎与体育锻炼

肩周炎是中老年人群中比较常见的症状，随着电脑、手机等科技产品的普及，肩周炎患者越来越年轻化。主动锻炼是整个治疗过程中

极为重要的一个环节，坚持正确、有效的锻炼可以舒筋活血，改善血液循环，防止肌肉痉挛，防止肩关节的粘连，对肩周炎的康复有明显的效果。在发病初期就要鼓励患者在不引起剧痛的最大范围内多活动。肩周炎的锻炼要长期坚持、循序渐进，逐渐增加锻炼时间和次数，动作要标准、到位、适宜，但不能活动过大，以感到轻微疼痛为宜，避免引起剧烈的疼痛，以免使患处再次受到损伤，加重肩痛和肩功能障碍。

肩周炎患者健身路径的选择

健身路径的锻炼可使粘连在一起的肩关节、肌肉、韧带得以松弛，能改善患者的血液循环，加速局部渗出物的吸收，起到舒经活络、缓解疼痛、加速康复的功效。锻炼者可以选择漫步机、上肢牵引器、推手器、臂力训练器等器械进行锻炼。

漫步机

练习者双手握住把手，两脚分踏于两个踏板上，自然交替摆动，如此周而复始，使两腿以自然协调的姿势交叉漫步。练习5分钟。

上肢牵引器

练习者两手拉住牵引绳索两端的手柄，左手下拉，右手自然随之上升，达到一定高度右手下拉左手上升，交替循环上下。

练习3组，每组30次。

臂力训练器

练习者自然站立，双手握住转轮两侧同方向转动。练习3组，每组30次。

太极推手器

练习者正面面对推手器，自然站立，双膝微屈，呈马步姿势。双手张开平放于两圆盘一侧边缘，做推手动作，推动圆盘转动。推到右边时腰部以下重心右移，右腿弓步；推到左边时腰部以下重心左移，左腿呈弓步，如是往复练习。练习3组，每组30次。

肥胖人群健身路径锻炼方法

肥胖人群日益庞大

随着人们生活方式发生变化，肥胖人数越来越多，有报告显示，自2000年以来，我国成年人超重和肥胖数量持续增长。肥胖会对人们的健康产生不良影响，引发高血压、糖尿病、心血管疾病等，严重影响我们身体的健康程度。

肥胖是一种代谢失调症，世界卫生组织已经确认肥胖是一

种疾病，并向全球宣布“肥胖症将成为全球主要健康问题”。它不仅影响人们的身体健康，而且有在全球流行的趋势。目前，它正在成为一个全球性的健康问题。根据调查，全世界肥胖症患者已达2亿～5亿人，而且每5年增加1倍。在美国，肥胖人口已占总人口的三分之一左右，每年肥胖症造成的直接与间接死亡人数已经高达30万人，成为仅次于吸烟的第二个可以预防的死亡原因。我国肥胖问题的形势也十分严重，统计数据显示，成年人中超重者的比例为24.4%，其中肥胖者为3.01%。

肥胖的危害

人类肥胖是多种因素相互作用才引起的综合征，其病因很复杂。从根本上讲，由于人体摄入的热量超过了机体所消耗的总体热量，多余的热量会在人体内转变为脂肪大量地储存。造成机体能量失去平衡的原因也很复杂，受遗传因素、环境因素、社会行为因素、运动因素、饮食因素、精神因素、生理因素等多种因素的影响。

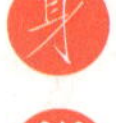

大量流行病学研究机构证明：腹部脂肪积累过多的向心性肥胖（俗称大肚子）在一定程度上和糖尿病、高血压、冠心病、高血脂、心血管疾病的发生有很大关系。2007 年 2 月，世界卫生组织发布一项各国肥胖比例的调查报告显示，全世界 65 亿人口中，有 16 亿人超重。

肥胖与糖尿病的关系：据有关组织估计，全球至少有近 2 亿糖尿病患者，目前，仅我国就有 3000 多万，预计到 2025 年全世界患者将增加到 3 亿人。肥胖与糖尿病经常互为因果关系，大部分肥胖的人都有糖尿病，其中大多数是因为高糖类、高热量的饮食引起的糖尿病。有关调查显示，80% 的 2 型糖尿病患者在确诊时超重。肥胖可以使 2 型糖尿病患者的寿命缩短多达 8 年。

肥胖与高血压、心血管等其他疾病的关系：肥胖的人大都会有高血压的症

状，是因为要将血液送达庞大身体的各个角落，心脏必须用比较高的压力来输送血液。此外，发胖会使身体的耗氧量增加，血液就必须大量地输出，于是血压增高。肥胖人群中高血压发生概率普遍高于正常人群。血压高可能会导致脑中风、肾脏功能退化并造成心脏等器官不同程度的损伤。肥胖人群中血管病发生率比正常人群高，由于过多的血胆固醇、血脂肪堆积于动脉管壁上，会使血管变窄甚至造成血管破裂，进而导致中风或心脏病突发。肥胖者患心脏病的概率会比一般人高，当一个人的体重增加后，他的心脏就必须更辛勤地工作，以供应营养到身体内的所有器官。体重增加，心脏的负荷就会增加，所以肥胖者患心脏病的概率会比一般人高。肥胖者身体体积庞大，影响外观形象，并且会给活动带来很多不便，特别是会引起青少年智力发展缓慢、反应迟钝、手脚不敏捷、行动迟缓，影响人的日常活动。

肥胖人群与体育锻炼

在生理方面，经过适当地运动可以改善肥胖者的新陈代谢，有利于人体骨骼、肌肉的生长，增强心肺功能，促进血液循环、改善呼吸系统、消化系统的机能状况。有利于人体的发育，提高免疫力，增强人体的适应力；减低儿童在成年后患上心脏病、高血压、糖尿病的概率；减缓进入衰老期。锻炼还能改善神经系统的调节功能，提高神经系统对人体活动的判断能力，并及时做出协调、准确、迅速的反应，使人体适应环境的变化、保持肌体生命活动正常进行。在心理方面，运动具有调节人体紧张情绪的作用，能够改善生理、心理状态，恢复体力、精力，陶冶情操，保持心态，充分发挥积极性、创造性和主动性，提高自信心和价值观，使个性在融洽的氛围中获得健康、和谐的发展，有助社交生活，改善人际关系。

肥胖人群健身路径的选择

公园、社区里的健身路径器材也是肥胖人群进行体育锻炼的不错选择。根据肥胖人群的特点，适合选用室外跑步机、俯卧撑架、蹬力器、仰卧起坐平台、云梯等器械进行组合锻炼。若没有跑步机，可在健身路径周围跑步，若没有俯卧撑架，可在地面进行俯卧撑练习。

漫步机

练习者双手握把手，两脚分踏于两个踏板上，自然交替摆动，如此周而复始，使两腿以自然协调的姿势交叉漫步。练习5分钟。

云梯

锻炼者站在云梯下面，向上跳起，双手紧握横梁，两腿可以稍微弯曲，身体腾空状态下，一手抓紧横梁，一手向前抓住前面的横梁，双手交替前进。往返2次为一组，练习2组。

仰卧起坐平台

练习者身体平躺在平台上，腿部固定在另一端的横梁之下，两手平举或者抱住头部依靠腰部力量做引体向上，在平躺时充分拉长腹直肌，引体后尽量收腹折体，上身尽量靠近大腿，

双手可以向前伸直触摸脚趾，双腿伸直也可达到压腿的效果，起坐压腿时要快，仰卧时则要慢慢平躺。还可以起身引体到45度时进行静止练习，或动、静结合，反复练习。

屈膝仰卧举腿：锻炼者头部反方向平躺，双手紧握横梁，屈膝或直腿收腹，双脚向上伸展，或者做蹬自行车的动作，达到瘦腿、去除腿部赘肉的效果。

俯卧起身：锻炼者俯卧在平台上，双脚固定在横梁上，双手放在腰间或头上，向上引上身，锻炼后腰肌肉群。

侧腰练习：使用者身体侧卧在平台上，双腿固定在横梁上，向上引上身。每组20次，进行5组。

小贴士

过于肥胖的练习者练习前一定要精心检查健身器械，一定要选择较坚固的器械，以避免出现事故。

颈椎病患者的健身路径锻炼方法

什么是颈椎病

颈椎病又称颈椎综合征，多发于中老年人群中，尤其是经常低头工作的人。随着年龄的增长和反复轻微损伤及劳损的影响，颈椎间盘发生退行性变，继而可能发生椎体缘与后关节的骨质增生、椎间隙变窄、椎间孔变小、颈椎节段性不稳，从而使邻近的神经系统和血管组织受到刺激或压迫而产生一系列症状。颈部有 7 个颈椎，椎骨附近有重要的组织，如脊髓神经根和椎动脉。每个颈、椎骨之间有椎间盘、韧带、肌肉连接，颈椎间盘和颈椎骨老化之后，产生颈椎骨质增生（颈椎肥大），当颈椎肥大影响到神经根或脊髓或椎动脉时，就会产生颈肩酸、胀、痛等情况。上肢有放射性麻痛感并常感到头晕，严重的可能出现四肢麻痛功能障碍等症状。这种由颈椎退行性变及颈椎肥大引起的疾病统称为颈椎病。至于颈椎结核、炎症、肿瘤等这些都不属于颈椎病。还有，常见的颈椎肥大也不能叫颈椎病，在日常工作、生活中，颈椎的活动频繁，随着年龄

不断增长，颈椎间盘和颈椎骨就会随之磨损、老化（退行性变），X 光片显示出的颈椎肥大、椎间隙变窄、颈椎生理曲度变直或反屈、颈韧带钙化等。绝大部分人的颈椎肥大等症状是不会影响颈椎附近的神经根、脊髓或椎动脉的，这种症状不能叫颈椎病，就只能称为颈椎肥大。只有 X 光片显示有颈椎肥大等变化，同时又有颈肩酸胀痛、上肢麻痛等临床症状，两者结合在一起时才能叫颈椎病。除此之外，有些人有颈肩痛等症状，但 X 光片正常，没有发现颈椎肥大现象，这时就要考虑这些症状是不是由其他疾病引起的。

颈椎病与体育锻炼

颈部是整个脊柱活动范围最大且活动最频繁的部位，颈部活动需要借助周围的韧带和肌肉力量，才能保持其正常活动。

颈椎病可以通过运动锻炼的方式，使颈椎的关系重新达到平衡，从而消除临床症状。临床证明80%以上的患者不需要手术，其中又有60%左右的患者通过体育锻炼也可以缓解症状。坚持长期的运动锻炼对预防颈椎病也有着很大的好处。健身路径锻炼能够改善患者颈部的血液循环，松解粘连和痉挛的软组织。

颈椎病患者健身路径的选择

公园、小区里的健身路径器材是颈椎病患者很好的锻炼选择，选择正确的健身路径对颈椎病有独特的疗效，无颈椎病者亦可起到预防作用。下面一组健身路径可以有效地缓解颈椎病的症状。

悬空转轮

练习者双手握转轮，身体悬

垂，可随转轮转动。练习 2 ～ 3 分钟，进行 2 ～ 3 组。

举重架

练习者双手抓住横杠上举，下肢可配合做屈膝动作。可作为常规举重器械使用，训练 15 ～ 20 次，进行 2 ～ 3 组。

上肢牵引器

练习者两手拉住牵引绳索两端的手柄，左手下拉，右手自然随之上升，达到一定高度后右手下拉左手上升，交替循环上下。每组 20 次，练习 3 组。

小贴士

练习者在练习过程中，如感到颈椎不适，应立即停止练习。

糖尿病患者健身路径锻炼方法

糖尿病的常见类型

糖尿病是血中胰岛素绝对或相对不足，导致血糖量过高而出现的病症，从而引起脂肪和蛋白质代谢紊乱，临床上出现多尿、烦渴、多饮、多食、消瘦等情况，严重者会发生酮症酸中毒等急性并发症或血管、神经等慢性并发症。糖尿病是一种常见的内分泌代谢性疾病，1980 年我国糖尿病患者人数占总人口的 0.67%。但上海在 1978—1989 年，此比率由 1.01% 上升为 2.23%。其中增加的主要是 2 型患者。以上数据证明，随着人们生活条件的提高，糖尿病（特别是 2 型）患病人数有增加的势头。

1 型糖尿病，称为胰岛素依赖型糖尿病，占糖尿病病人总数的 10% 左右，多发生在儿童和青少年，但也可发生在任何年龄。病因是由于胰岛 B 细胞受到细胞介导的自身免疫性破坏，自身不能合成和分泌胰岛素。1 型糖尿病发病时症状相对比较明显，容易发生酮症，即有酮症倾向，这时就需要依靠外源胰岛素存活，一旦中止胰岛素治疗就会威胁患者生命。在接受胰岛素治疗后，胰岛B细胞功能改善，B细胞数量也会有所增加，临床症状会好转，这时可以减少胰岛素的使用量，这就是所谓的“蜜月期”，但是几个月后，仍然要靠注射胰岛素来控制血糖水平和遏制酮体生成。

2型糖尿病，称为非胰岛素依赖型糖尿病，约占糖尿病患者总数的90%，发病年龄大多在35岁以上。2型糖尿病不易被发现，大多数病人是在体检或检查其他疾病时发现的。胰岛细胞分泌胰岛素或多或少，亦有可能正常，但是分泌高峰后延。2型糖尿病病人中约60%是体重超重或肥胖的朋友。长期的暴饮暴食，身体摄取过高的热量，体重逐渐增加，导致肥胖，肥胖后导致胰岛素抵抗，血糖升高，无明显酮症的倾向。多数病人在控制饮食后及口服降糖药治疗后可以控制血糖，但还是有一些患者，尤其是肥胖的患者需要外源胰岛素来控制血糖。因此，外源胰岛素治疗不足以作为1型与2型糖尿病的鉴别指标。另外，2型糖尿病家族遗传的特征明显，与HLA抗原频率无关联，与自身免疫反应没有关联，血清中不存在胰岛细胞抗体及胰岛素自身抗体。

妊娠女性原来没有发现糖尿病，在妊娠期，一般在妊娠中期或者后期才发现糖尿病，统称为妊娠糖尿病。妊娠前就已经患有糖尿病的，又是妊娠期，称为糖尿病妊娠。在妊娠中期以后，特别是在妊娠后期，胎盘会分泌多种对抗胰岛素的激素，如胎盘泌乳素等，并且靶细胞膜上胰岛素受体数量会减少，所以糖尿病容易出现在妊娠的后期。有关机构对 100 名孕妇进行血糖检查，发现有 3 名妊娠糖尿病患者。为了及早检出妊娠糖尿病，一般情况是在妊娠 24～28 周时，需要口服葡萄糖 50 克，服糖后半小时测血糖，如果血糖值小于 7.8 毫摩尔 / 升，被认为有可能是

妊娠糖尿病，需要再做 100 克葡萄糖耐量试验进行复验。对于妊娠糖尿病，应积极主动控制血糖，以避免高血糖对胎儿造成的不利影响。分娩 3 个月之后，根据其血糖水平再做糖尿病临床分型，50% ～ 70% 的妊娠糖尿病在分娩后表现为 2 型糖尿病，大部分病人糖耐量恢复正常，仅个别病人转变为 1 型糖尿病。

糖尿病与体育锻炼

对糖尿病患者来讲，体育锻炼的目的在于改善糖和脂肪代谢，降低血脂、血糖；提高组织对胰岛素的敏感性，提高身体耐力，促进身体健康，增加信心，预防糖尿病的并发症。一般意义上，运动锻炼主要适用轻度和中度 1 型糖尿病或非胰岛素依赖型糖尿病，此型患者组织胰岛素受体功能降低对发病起重要作用，而运动能提高胰岛素受体功能，具有特殊的治疗意义。对于 2 型糖尿病或胰岛素依赖型糖尿病，运动锻炼疗法仅有利于对抗运动不足，无特殊治疗意义。并且这一类型患者血糖不容易稳定控制，只能做轻微运动。社区锻炼可以增加胰岛素灵敏性（减少胰岛素需要量或增加肝糖储备），增加功

能储备(提高最大氧气摄入量),控制体重(特别是2型糖尿病),通过减低血压、脂肪百分比和低密度胆固醇而减少得冠心病的危险。此外还能够放松心情，有利于病情康复。

糖尿病被称为生活方式病，只有健康的生活方式才能控制血糖的量。现在的人们普遍缺乏锻炼，不改变这种生活方式，吃什么药都于事无补。健身路径器材的设计初衷是适合健康人群使用。但是，糖尿病患者在没有特别严重的并发症出现时，是允许使用健身路径锻炼的。另外，还要注意的是糖尿病患者早晨不宜太早使用这类器材，尽量在饭后使用，尽量能够有人结伴运动。公园、小区里的健身器材是糖尿病患者很好的锻炼方式，选择正确的健身路径对糖尿病能起到一些辅助治疗的作用。下面一组健身路径比较适合糖尿病患者健身锻炼。

1 型糖尿病患者健身路径选择

扭腰踏步器

使用者双手紧握扶手，双脚自然踏立在踏板上，左右脚交替踏步，同时肩部与腿反方向扭动，类似“扭秧歌”的动作。初学者注意速度应由慢到快，踏步用力不要过大。熟练的朋友可以根据自己的体力情况加快速度。每分钟练习 6 ～ 8 次。

双人大转轮训练器

锻炼者站立在器材前面，双手放松，双脚自然分开与肩同宽为宜。一手轻握转盘上的手柄顺时针或逆时针旋转，同时两手交替旋转，速度快慢由自己手臂使用的力度决定。建议不要太快，速度要逐渐加快，双手有节奏地用力，达到一定速度时双手可尝试跟随手柄交叉转动。练习 4 ～ 5 分钟。

扭腰旋转器

锻炼者站立在转盘中间，双脚自然站立，两侧空隙保持均衡，双手紧握把手与肩同宽，腰部用力带动脚下的转盘跟着转盘的惯性转动下肢，上身尽量保持不动，速度由慢到快、由轻到重，角度一般选在 60 度到 90 度之间，不易太大角度旋转，腰部左右交替用力旋转转盘。锻炼 4 ～ 5 分钟。

蹬力练习器

锻炼者坐在悬凳上，双手自然下垂或者抱于胸前。两脚踏在面前的横梁上，背部紧靠悬凳椅背，双腿用力伸直，使吊篮向后上方升起，屈膝使吊篮回落，如此反复。利用锻炼者的体重作为砝码来锻炼双腿的肌肉力量。练习 4 ～ 5 分钟。

2 型糖尿病患者健身路径选择

椭圆机

练习者双手握把，两脚分踏于两个踏板上，人体保持自然站立姿势。用力伸直右腿，顺势左手往后拉；伸直左腿，右手顺势往后拉，

如此往复。练习 10 ～ 12 分钟。

上肢牵引器

练习者两手分别拉住牵引绳索两端的手柄，左手下拉，右手自然随之上升，达到一定高度后，右手下拉左手上升，交替循环上下。持续练习 4 ～ 5 分钟。

蹬力练习器

锻炼者坐在悬凳上，双手自然下垂或者抱于胸前。两脚踏在面前的横梁上，背部紧靠悬凳椅背，双腿用力伸直，使吊篮向后上方升起，屈膝使吊篮回落，如此反复。利用锻炼者的体重作为砝码来锻炼双腿的肌肉力量。练习 15 ～ 20 次，进行 2 ～ 3 组。

腰背按摩器

锻炼者背部紧靠按摩转筒，双手分别握住两侧把手，上身左右移动按摩转筒以达到按摩效果；或者选择腰部按摩端，腰部抵紧按摩转筒，双手分别握住活动把手上下拉动，由按摩转筒上的突起按压肌肉和穴位，达到锻炼身体、放松肌肉的效果。练习 6 ～ 8 分钟。

冠心病患者健身路径锻炼方法

什么是冠心病

冠心病的全称是冠状动脉性心脏病。指因脂质代谢不正常，血液里的脂质沉着在原本光滑的动脉内膜上，在动脉内膜上，一些像粥一样的脂类物质堆积而成的白色块状斑点，叫作动脉粥样硬化病变。这些块状斑点渐渐增多造成动脉腔变窄，使血流受阻，导致心脏缺血，产生心绞痛。冠状动脉粥样硬化是冠心病的主要病因，但是动脉粥样硬化的原因还不完全清楚，可能是很多种因素综合作用的结果。

本病发生的危险因素有：年龄和性别（45 岁以上的男性，绝经后的女性）、家族病史（父兄在 55 岁前，母亲或姐妹在 65 岁前死于心脏病）、血脂异常（低密度脂蛋白胆固醇 LDL—C 过高；高密度脂蛋白胆固醇 HDL—C 过低）、高血压、糖尿病、吸烟、超重、肥胖、痛风、不运动等。如果动脉壁上的块状斑点形成溃疡或者破裂，将会形成血

栓，导致整个血管血流完全中断，从而发生急性心肌梗死，甚至猝死。冠心病的少见发病机制是冠状动脉痉挛，会产生变异性心绞痛，如果痉挛超过30分钟，也能导致急性心肌梗死。

冠心病与体育锻炼

运动一直是使身体健康的好方法，很多人往往都认为心脏病患者不适宜运动。事实是，适当、正确的体育锻炼对预防冠心病和对冠心病患者的康复都能起到一定的作用。往往有高血压、高血脂、肥胖、高血糖的人易患上冠心病，而适当、正确的健身运动恰好可以改善神经系统，对心血管有调节作用，改善心脏的收缩功能，增强心脏的工作效率。当然，应当注意的是，运动有益，过量反而有害。冠心病患者要正确选择运动方式进行适当的健身锻炼。体育锻炼有扩张冠状血管、加快侧支循环、改善心肌供血、增加心脏泵血的功能。体育锻炼能够降低密度脂蛋白胆固醇水平，降低血甘油三酯，提高高密度脂蛋白胆固醇水平，起到防治动脉粥样硬化的形成及其继发的冠心病的作用，对防止心肌梗死的发生和血栓的形成有重

要意义。健身锻炼是减肥的最好途径，往往冠心病患者都过于肥胖，而过于肥胖者因为心血管疾病导致死亡的比重较正常体重的人多62%。健身锻炼可以改善骨骼肌的代谢，可以减少运动时的能量需求量，进而减少心脏的负荷，增加心功能的贮备，使体力得到改善。健身锻炼是预防和治疗高血压很好的辅助方法，而高血压又容易导致冠心病的形成。健身锻炼还能使情绪得到放松，给冠心病患者的生活增加乐趣，这对患有冠心病的朋友的身体和心理健康都有好处。冠心病患者在运动中发病概率很低，同时运动者的死亡率低于不运动者。从整体上看，运动是安全有益的，但需要注意的是练习中如身体不适应立即中止运动。

冠心病患者健身路径的选择

公园、社区里种类齐全的健身路径器材，是冠心病患者日常锻炼的不错选择。制订好合理的健身计划，坚持科学的健身理念，可以对冠心病患者的康复起到意想不到的作用。下面是一组针对冠心病患者设计的组合锻炼方法。

椭圆机

练习者双手握把，两脚分踏于两个踏板上，人体保持自然站立姿势。用力伸直右腿，顺势左手往后拉；伸直左腿，右手顺势往后拉，如此往复。练习 6 ～ 8 分钟。

划船器

锻炼者坐在坐垫上双腿略微弯曲，双腿蹬在脚蹬上，身体前倾，双手握住桨把，与肩同宽，做类似划船的姿势。练习方法就是模仿划船动作，在人的腰、腹、背肌肉群的共同作用下，使人体上身向后仰。同时双手用力，将桨把尽力向后拉向自己的身体，然后转换为将桨把向前推，同时人体向前倾，恢复到初始状态。这是一个动作周期，通过周而复始的运动，达到预期的锻炼目的。每组练习 10 ～ 15 次，进行 2 ～ 3 组。

举重架

练习者双手抓住横杠上举，下肢可配合做屈膝动作。可作为常规举重器械作用，训练 15 ～ 20 次，进行 2 ～ 3 组。

太极推手器

练习者面对推手器，自然站立，双膝微屈，呈马步姿势。双手张开，平放于两圆盘一侧边缘，做推手动作，推动圆盘转动。推到右边时腰部以下重心右移，右腿弓步；推到左边时腰部以下重心左移，左腿呈弓步，如是往复练习 5 ～ 6 分钟。

腰背按摩器

锻炼者背部紧靠按摩转筒，双手分别握住两侧把手，上身左右移动按摩转筒以达到按摩效果；或者选择腰部按摩端，腰部抵紧按摩转筒双手握住活动把手上下拉动，由按摩转筒上的突起按压肌肉和穴位，达到锻炼身体、放松肌肉的效果。练习 4 ～ 5 分钟。

骨质疏松患者健身路径锻炼方法

什么是骨质疏松

骨质疏松是多种因素导致的一种骨病，骨组织钙化正常，钙盐与基质为正常比例，以单位体积内骨组织量减少为特征的代谢性骨病变。在很多骨质疏松中，骨组织的减少大都因为骨质吸收增多所致。发病往往比较缓慢，只有个别较快。特征为骨骼疼痛、易骨折，生化检查基本正常。病理解剖可看见骨皮质非常薄，骨小梁稀疏、萎缩类骨质层也不厚。骨质疏松症是以骨组织显微结构受到损伤，骨矿成分和骨基质等比例不断减少，骨质变薄，骨小梁数量减少，骨脆性增加和骨折危险度升高的一种全身骨代谢障碍的疾病。

得骨质疏松的原因很多，缺钙是被大家公认的因素。降钙素和维生素 D 的不足也是很重要的原因。然而随着人们不断地探索，人们对骨质疏松症的研究越来越深入，越来越多的医学研究证实，人体的正常情况是呈弱碱性，就是说体液的 pH 值在 7.35 ～ 7.45 之间时是健康的。但是因为人们的生活习惯、饮食、情绪、周围环境等的影响，人的体液

有的时候会趋于酸性，特别是在人体摄取很多高蛋白、高糖分的时候，身体出于本能，为了保持体液的酸碱平衡，身体就会运用体内的碱性物质来和这些酸性物质进行中和。而钙质是体内含量最多的碱性物质，钙质大量地存在于骨骼中。所以，在大量吃酸性食物的时候，身体就会本能地消耗骨骼中的钙质来和血液的酸性进行中和，以保持酸碱平衡。所以，酸性体质是引起骨质疏松的重要原因。由此可见，通过改善酸性体质的途径，预防骨质疏松就显得尤为重要。

骨质疏松与体育锻炼

骨质疏松症是中老年人的多发病、常见病。根据统计，年龄高于45岁的女人，三分之一都有不同程度的骨质疏松，75岁以上的女性，骨质

疏松症的患病率高达90%。值得注意的是，除了疼痛、痉挛这些症状外，还有一点值得注意。骨质疏松症会增加骨脆性，容易骨折。骨质疏松正是因为骨质脱钙降低了骨骼的硬度。引起骨质疏松的原因有很多，但据目前的研究而言，主要的原因还是激素代谢不正常、钙的摄入量减少和缺乏运动等几方面。骨质疏松患者大多周身骨痛、乏力、机体活动受到限制等，久而久之就会出现肌肉萎缩，易引发骨折等。所以，把运动作为骨质疏松症预防和治疗的主要途径之一是正确的。

骨质疏松症要积极地对待，万不可掉以轻心，随它发展。如果您有骨质疏松的疑似症状，一定要去医院检查治疗。如全身上下不舒服，腰、腿使不上力，莫名其妙地骨头痛。如果医生经过详细的检查确定你得了骨质疏松症后，要适当地服用一些止痛药和补钙药。除此之外，还要保证充足的睡眠，每天按时晒太阳，进行半小时或更长时间的健身锻炼。对骨质疏松症

比较有效的健身方法有很多，比如散步、打太极拳以及健身路径的练习。骨质疏松症的发生与平时缺少运动锻炼有很大关系，千万不能小看运动在预防和治疗骨质疏松症中所起到的重要作用。人体内的骨骼组织是一种有生命的组织，人运动的过程中会不停地刺激骨骼组织，骨骼组织就会轻易丢失钙质。骨骼组织中的骨小梁结构就会比较合理地排列，这样骨质疏松症就不会找上门来了。研究证明，经常健身锻炼的老年人，他们有特别好的平衡能力，体内骨密度要高于不爱运动的老年人；而且他们还不容易摔跤，这样就可以很有效地预防骨折。

骨质疏松患者健身路径的选择

公园、社区里种类齐全的健身路径器材，是骨质疏松症人群日常锻炼的不错选择。制订好合理的健身计划，坚持科学的健身理念，对预防和治疗骨质疏松症会起到意想不到的作用。下面是一组针对骨质疏松人群设计的组合锻炼方法。

踏步器

练习者双手紧握扶手，与肩同宽，两脚踏在两个踏板上，模仿登楼梯的动作，两脚依次交替用力，将踏板踩下。练习8～10分钟。

单杠屈臂悬垂

练习者双手握住单杠横梁，然后上肢用力上拉身体，拉到手臂弯曲后静止15～20秒。

仰卧起坐

身体平躺在平台上，腿部固定在另一端的横梁之下，两手平举或者抱住头部，依靠腰部力量做引体向上。在平躺时充分拉长腹直肌，引体后尽量收腹折体，上身尽量靠近大腿，双手可以向前伸直触摸脚趾，双腿伸直也可达到压腿的效果，起坐压腿时要快，仰卧时则要慢慢平躺。练习12～15次，进行2～3组。

连环跳

锻炼者面对横梁选择合适的距离自然站立，向前跳过横梁，然后再转身跳回来。往返练习3～5次。

健骑机

锻炼者自然放松坐在坐垫上，双脚踏进脚蹬，双手紧握扶手，

与肩同宽，上身保持挺胸抬头。运动时双脚用力向下蹬脚蹬，同时双臂用力将把手拉向自己的身体，使健骑器前轴和坐垫绕主轴产生折叠直至双腿蹬直，使身体尽可能伸展。然后腿、臂放松，在自重的作用下，使健骑器回到初始位置。上身训练时保持同样的姿势，双脚不用力，单靠双手力量拉动把手靠近自己的身体，使身体尽可能地伸展，以加大手臂的负荷。练习 4 ～ 5 分钟。

摸高器

锻炼者面对摸高器原地站立，尽量向上举手，用指尖触摸上方的高度牌，原地屈膝向上跳起，在起跳即将达到最高点时迅速向上伸出手臂，用指尖触摸高度牌。起跳触摸的高度减去原地站立的指尖高度，即为弹跳的高度。练习 10 ～ 15 次，进行 2 ～ 3 组。

哮喘病患者健身路径锻炼方法

什么是哮喘

哮喘，全称支气管哮喘，是一种多发病、常见病。如今，哮喘患者在全世界约有3亿多人，而中国大概有3000万哮喘患者。哮喘病是一种很严重的多发病，如果治疗不及时、没有规范的治疗，可能危害人的生命。现在的医学治疗方法能够使近80%的哮喘病患者症状得到非常好的控制，在工作、生活中几乎不会受疾病的影响。每年5月的第一个星期的星期二是世界哮喘日，主要就是为了提醒大家对哮喘病的认识，提高对哮喘的预防和治疗水平。

哮喘病与健身运动

提起健身运动，有人就会想到这样一句话“生命在于运动”，从这句话中不难看出健身运动对身体健康是十分重要的。但是按以往的观念，医生会劝告哮喘病人要尽量少活动，家长、老师也往往不让患有哮喘病的儿童参加体育运动。不可否定，确实有好多因剧烈活动而引发哮喘发作的临床情况，因此很多病人自己也不敢轻易参加健身运动。这严重影响了病人的正常健身生活，不

少哮喘病患者长期不进行体育锻炼，还有很多患哮喘病的儿童也因此休学或者不上体育课。时间长了，不仅身体的抵抗能力下降，肺功能也会减弱。而且很多哮喘病人在心理上也会受到影响，变得孤僻、内向、压抑、恐惧，这样的情况自然会给哮喘病的治疗造成很不利的影响，而且对于病人的体力恢复和身心健康也没有好处。近些年来，很多医生已经开始鼓励病人在哮喘有所缓解的时候参加适当、正确的健身运动，鼓励患者尽量和正常人一样生活、工作和学习，这样可以改善病人的体质，还可以提高机体的抗病能力以及对环境的适应能力。

哮喘患者参与健身运动想要达到很好的效果，就必须使健身运动符合哮喘病人的特点，并正确、恰当地进行健身运动。需要注意以下几方面：

第一，选择符合病人特点的运动项目。哮喘病患者的健身运动可以多样化，为达到锻炼身体的目的，可以积极地参加一些轻松、娱乐

性强的运动，以保持愉快的心境。但要避免在运动时争强好胜的心理，对于一些自己不能胜任的运动不要勉强去做，这样会对身体不利。

第二，尽量避免在寒冷干燥的地方锻炼。由于运动后的呼吸次数有所增加，加重了气道水分和热量的流失，尤其是在寒冷干燥的地方会比较严重，可致使气道黏膜渗透压增加，气道内冷却诱发支气管痉挛，因此应该尽量在温暖、湿润的环境中锻炼。

第三，应该做好充分的准备活动。由于哮喘患者自身身体条件的特点，所以他们在运动时要做好充分的准备活动，以适应将要开始的锻炼。同时，在运动的开始阶段切忌急于求成，要遵循先慢后快的原则。

第四，切忌活动量过大。在运动过程中如果运动量过大容易使心肺负荷过大而导致心率过快和肺过度通气，反而容易加重缺氧或诱发哮喘。以心率的快慢来衡量哮喘病人的运动量，一般情况下，以本人

最高心率的60%～70%为度是比较合适的标准心率。当患者适应以后，再逐渐增加活动量。

第五，急性发作期不适合运动。在急性发作期哮喘病患者体内已经处于缺氧的状态，这个时候进行体育运动的话就是雪上加霜，积极治疗并且要充分休息才是缓解缺氧的最好方法。所以，哮喘病人的体育运动主要是在缓解期进行，在哮喘不发作的情况下，应该自觉坚持每天运动。

哮喘病患者健身路径的选择

公园、社区里的一些健身器材既方便掌握，运动量也不大，且娱乐性强，可以让你在轻松愉快中达到健身的目的。下面是一组针对哮喘病患者设计的健身路径。

太空漫步机

练习者双手握住把手，两脚分踏于两个踏板上，自然交替摆动，如此周而复始，使两腿以自然协调的姿势交叉漫步。锻炼 8～10 分钟。

云手转轮

哮喘患者练习时面向器械自然站立，双手抓住两个手柄，双腿分开稍宽于肩，双手转动手柄使转轮转动。转轮的转动方向可以自己掌握。在转动时两腿应该随着手柄运动，做上屈下伸运动。锻炼 4 ～ 5 分钟。

平衡木上行走

练习者站在平衡木上做向前、向侧、向后行走，两臂侧举以维持身体平衡。熟练后可增加行走速度、难度。把走变成提踵走或者小跑。练习者每次练习 3 ～ 5 个往返为宜。平衡木以锻炼平衡器官为主，同时还能锻炼身体协调性。

划船器

锻炼者坐在坐垫上双腿略微弯曲，双腿蹬在脚蹬上。身体前倾，双手握住桨把，与肩同宽，做类似划船姿态。练习方法就是模仿划船动作，在人的腰、腹、背肌肉群的共同作用下，上身向后仰，同时双手用力，将桨把尽力向后拉向自己的身体，然后转换为将桨把向前推，同时人体向前倾，恢复到初始状态。通过周而复始的多次运动，达到预期的锻炼目的。锻炼 4 ～ 5 分钟。

不同健身目的人群健身路径的锻炼方法

锻炼柔韧性素质路径

通用路径一：

压腿器（正、侧、后压腿，3～5分钟）——伸腰器（后桥练习，5～10次）——肋木架（低杠支撑转髋练习，12～15次，2组）——肋木架（蹬拉腿，5～6次，2组）——单杠（悬垂，30～90秒）

通用路径二：

压腿器（正、侧压腿，3～5分钟）——下腰器（伸腰练习，10～12次）——肋木架（压肩练习，3分钟）——单杠（悬垂，30～60秒）

老年路径一：

压腿器（正、侧、后压腿，5～6分钟）——下腰器（仰卧起腰练习，10～15次）——肋木架（直臂压肩，32次）——低单杠（悬垂，30～60秒）

女性路径一：

肋木架（正、侧、后压腿，5～6分钟）——伸腰器（后桥练习，8～10次）——下腰器（仰卧起腰练习，10～12次）——单杠（悬垂，30～60秒）——压腿器（正、侧、后摆腿练习，3～4分钟）

锻炼协调性素质路径

通用路径一：

平衡木（侧向交叉行进，3～4个往返）——梅花桩（桩上行,3～4个往返）——双杠（支撑前进，2～3个往返）——肋木架（攀越，2～3次）——鞍马训练器（支撑跳跃，4～6个往返）——平行梯（悬垂单臂交替行进，2～3个往返）

通用路径二：

平衡木（交叉前进，2～3个往返）——梅花桩（按英文字母快走，2～3个往返）——跳跃横梁（双腿Z字跳，2～3个往返）——肋木架（攀越,1～2次）——鞍马训练器（支撑跳跃，2～3个往返）——平行梯（两手抓杠依次行进，2～3个往返）

老年路径一：

压腿器（钻杆跑,1～2个往返）——平衡木（侧向交叉行进，1～2个往返）——梅花桩（按英文字母顺序快走，再倒走回原位，1～2次）——仰卧起坐平台（仰卧起坐，5～10个）——鞍马训练器（"S"形跳跃行进，1～2个往返）

女性路径一：

平衡木（侧向交叉行进，1～2个往返）——梅花桩（按英文字母快走，再倒走回原位，1～2次）——仰卧起坐平台（仰卧起坐，5～10个）——鞍马训练器（“S”形跳跃行进，1～2个往返）——肋木架（提踵练习，15～20次）——单杠（斜面引体，5～8个）

锻炼力量性素质路径

通用路径一：

平行梯（悬垂单臂交替行进，2～3个往返）——仰卧起坐平台（直臂仰卧起坐，5～20个）——肋木架（攀越，1～2个往返）——跳跃高梁（翻身上，2～5个）——摸高横梁（“8”字跑摸高，8～10次）

通用路径二：

单杠（引体向上，2～8个）——双杠（支撑行走，2～3个往返）——平行梯（悬垂单臂交替行进，2～3个往返）——肋木架（肋木悬垂举腿，8～10次）——仰卧起坐平台（直臂仰卧起坐，15～20个）——鞍马（支撑跳跃，

5～6个往返）——摸高横梁（“8”字跑摸高，8～10次）

老年路径一：

单杠（斜面引体，5～8个）——双杠（支撑行走，2～3个往返）——平行梯（悬垂单臂交替行进，1个往返）——肋木架（肋木悬垂举腿，屈腿练习，8～10次）——仰卧起坐平台（直臂仰卧起坐，8～15个）——摸高横梁（“8”字跑摸高，8～10次）

女性路径一：

跳跃高梁（双腿“之”字跳跃，1～2个往返）——摸高横梁（“8”字跑摸高，8～10次）——仰卧起坐平台（直臂仰卧起坐，8～15个）——下腰器（起腰练习，10～20次）——跑跳横梁（斜面引体，5～15个）

锻炼速度性素质路径

通用路径一：

平衡木（正向快速行进，1个往返）——跑跳高梁（双腿“之”字跳）——梅花桩（按英文字母顺序快走或小步跑）——双杠（支撑行进，1个往返）——平行梯（两臂抓杠依次行进，1个往返）——肋木架（攀越，1次）

通用路径二：

平行梯（悬垂单臂交替行进，1个往返）——双杠（支撑行进，2～3个往返）——肋木架（攀越，1次）——平衡木（正向快速行进，1个往返）——跑跳高梁（双腿“之”字跳）——梅花桩（按英文字母顺序快走或小步跑）

老年路径一：

平衡木（正向快速行进，1 个往返）——梅花桩（按英文字母顺序行走，1 个往返）——跑跳横梁（摸高，3 ~ 5 次）——鞍马训练器（“S” 形行走，1 个往返）——压腿器（钻杠跑，1 个往返）

女性路径一：

肋木架（蹬拉腿练习，左右腿各进行 15 ~ 20 次）——鞍马训练器（“S” 形支撑跳越，2 个往返）——仰卧起坐平台（直臂仰卧起坐，8 ~ 15 个）——单杠（斜面引体，5 ~ 8 个）——梅花桩（按英文字母顺序行走，1 个往返）——平衡木（正向快速行进，1 个往返）

锻炼耐力性素质路径

通用路径一：

单杆（引体向上或斜体引体向上）——仰卧起坐平台（背手俯卧背起）——肋木架（悬垂举腿）——双杠（支撑摆动）

通用路径二：

跳跃高梁（跳上跳下练习）——鞍马（支撑跳跃练习）——肋木架（悬垂举腿练习）——单杠（单臂挂走练习）

老年路径一：

梅花桩（桩上行）——跑跳横梁（斜体俯卧撑）——肋木架（扶肋木蹬起）——单杠（悬垂摆动）——跳跃高梁（跳上跳下练习）

女性路径一：

平行梯（钻杆跑）——跑跳横梁（连续翻身上）——双杠（支撑前进）——跳跃高梁（跳上跳下练习）——肋木架（扶肋木蹬起）——梅花桩（桩上行）——单杠（单臂挂走）——肋木架（摆腿练习）

综合性路径

通用路径一：

平衡木（正向走，1个往返）——跳跃高梁（双腿“之”字跳，1个往返）——梅花桩（按英文字母顺序走，1个往返）——摸高横梁（跳起摸高，3次）——鞍马训练器（支撑跳跃，5次）——仰卧起坐平台（仰卧起坐，8～25个）——肋木架（悬垂举腿，5～10个）——单杠（翻身上，1个）

通用路径二：

单杠（引体向上，5～8个）——双杠（支撑前进，1个往返）——平行梯（两臂依次抓杠前进，1个往返）——仰卧起坐平台（仰卧起坐，10～20个）——肋木架（攀越，1次）——平衡木（正向走，1个往返）——梅花桩（按英文字母顺序走，1个往返）——摸高横梁（跳起摸高，3次）

通用路径三：

单杠（斜面引体向上，5～10个）——仰卧起坐平台（仰卧起坐，8～25个）——肋木架（悬垂举腿，5～10个）——

全民健身路径

鞍马训练器（“S”形支撑跳，1 个往返）——平衡木（正向走，1 个往返）——梅花桩（按英文字母顺序走，1 个往返）

通用路径四：

单杠（翻身上,1 个）——仰卧起坐平台（仰卧起坐,8 ～ 25 个）——肋木架（悬垂举腿，5 ～ 10 个）——平行梯（两臂依次抓扛前进，1 个往返）——双杠（支撑前进，1 个往返）

老年路径一：

平衡木（正向走,1 个往返）——梅花桩（按英文字母顺序走，1 个往返）——太空漫步机（行走 3 ～ 5 分钟）——转体训练器（转 3 周）——下腰器（起腰练习，10 ～ 15 次）——肋木架（悬垂举腿，5 ～ 10 个）——单杠（斜面引体向上，5 ～ 10 次）鞍马训练器（“S”形跳，1个往返）

老年路径二：

单杠（斜面引体向上，5 ～ 10 次）——鞍马训练器（击掌俯卧撑,5 ～ 10 次）——仰卧起坐平台（仰卧起坐,8 ～ 25 个）——肋木架（悬垂举腿，5 ～ 10 个）——压腿器（钻杆跑，1 个往

返）——平衡木（正向走，1个往返）——梅花桩（按英文字母顺序走，1个往返）——太空漫步机（行走3～5分钟）

女性路径一：

单杠（斜面引体向上，5～10次）——鞍马训练器（击掌俯卧撑，5～10次）——仰卧起坐平台（仰卧起坐，8～25个）——下腰器（起腰练习，10～15次）——压腿器（钻杆跑，1个往返）——平衡木（正向走，1个往返）

女性路径二：

梅花桩（按英文字母顺序走，1个往返）——太空漫步机（行走3～5分钟）——转体训练器（转3周）——下腰器（起腰练习，10～15次）——肋木架（悬垂举腿，5～10个）——仰卧起坐平台（仰卧起坐，8～25个）——单杠（斜面引体向上，5～10次）——摸高横梁（跳起摸高，3次）

第四章

健身达人篇

生命在于运动，而运动也要讲究科学。在现实生活中处处蕴含着科学，体育健身也要讲究科学锻炼，并不是每一项健身运动对所有人都合适，也不是每一项健身方法对所有人都有用。我国开展社区全民健身运动，主张因人而异，因时而异，从人体的生理特征和生命规律出发，循序渐进，持之以恒。只有正确了解健身的原理和常识以及一些医学问题才能达到健身娱乐的目的。

如果你想成为一位健身达人，那么一些健身的必备常识你是应该掌握的。如果你想和家人、朋友一起参与到健身中去，那么一些健身路径的竞赛游戏组织方法、游戏规则你也要有一定的了解。

达人健身必备常识

运用体育手段进行健身活动，需要根据锻炼者自身的具体情况，包括性别、年龄、健康程度等情况，科学地选择运动的项目

和练习的内容以及运动量，以更有效地实现提高身体健康水平的目标。因此，进行运动健身应当掌握一些必备的体育锻炼知识。

运动时间

运动时间是指持续运动的时间长短。在以健身为目的的运动中，强度小、需要持续时间长的健身计划的练习效果较好。对于健身来说，最低限度的运动时间是 15 ～ 20 分钟，当然，这还与个体状况和采用的练习强度有关系。

据研究，每次进行 20 ～ 60 分钟的耐力性运动是比较适宜的。从运动生理学来说，5 分钟是全身耐力运动所需的最短时间，60 分钟对于坚持正常工作的人来说是最大的限度时间。有研究认为，心率达到每分钟 150 次以上时，最少持续 5 分钟以上的运动才会有效果。

运动强度

运动强度为一定时间内运动的量，受运动时间和运动量的制约。一般通过控制运动强度来调控运动量，而运动强度又可以通过心率换算出来。因此锻炼时可以通过观测心率变化来了解自己的运动量，并制订出科学的锻炼计划。

按心率确定运动强度的方法如下：

年龄减算法

运动适宜心率＝180（或170）—年龄

此法适宜身体健康者，对于60岁以上或体质较差的中老年人则用170减年龄。

净增心率计算法

按体质强、中、弱三组分别控制运动强度。

强组：运动后心率—安静时心率≤60次/分

中组：运动后心率—安静时心率≤40次/分

弱组：运动后心率—安静时心率≤30次/分

运动量百分比分级法

运动后增进率＝（运动后心率—运动前心率）÷运动前心率

评定方法是运动后增进率达71%以上者为高运动强度，51%～70%者为中等运动强度，运动后增进率为50%以下者为小运动强度。此法适用于高血压、冠心病患者和老年人。

靶心率法

靶心率是指能获得最佳效果并能确保安全的运动心率。为了较精确地确定适宜心率，需做极限或症状限制性运动试验以确定最大心率，然后取最大心率的 60% ～ 85% 为运动的适宜心率或称为目标心率。通常最大心率也可以用公式推定近似值，其个人误差 ±10 次。一般人的最大心率＝ 220 －年龄。经常运动者的最大心率＝ 210 － 0.8 × 年龄。

卡沃南法计算运动时心率

运动时心率（次 / 分）＝（按年龄计算的最大心率，即静息时心率）×60% ＋静息时心率（次 / 分）

运动负荷

运动负荷是由运动的数量、强度、密度、时间以及运动项目的特点等因素构成的。这些因素相互联系又相互制约，改变其中任何一种因素，都会直接影响运动负荷的大小。在身体锻炼中恰当地控制运动负荷是十分重要的。如果运动负荷过小，对机体不能产生刺激，无法达到超量恢复，所进行的锻炼就难以见到效果；如果运动负荷过大，就会造成身体的疲劳；假如连续地运动负荷过大，就会造成疲劳积累，最终成为疲劳过度，给机体带来损害。

健身运动的运动负荷一般用运动强度和运动时间的乘积表示。即：

运动负荷＝运动强度 × 运动时间

运动频度

运动频度是指每周的锻炼次数。有研究认为，当每周锻炼多于3次时，最大摄氧量的增加逐渐趋于平衡；当锻炼次数增加到5次以上时，最大摄氧量的提高就很小；而每周锻炼2次时，通常不引起改变。由此可见，每周锻炼3～4次较为适宜，间隔不能超过3天。作为一般健身者或中老年朋友，坚持每天锻炼当然更好。

运动量

运动量是指练习的次数、距离和时间。

在运动健身过程中，没有制订一定的计划，就不会有明显的健身效果；但过分地追求这个“量”，不仅不能促进身体

健康，反而有损机体。运动健身是一个循序渐进的过程，强度增加必须遵从巩固、增加、再巩固、再增加的原则进行。其中还要注意两个问题：一是不能盲目追求运动的量。特别是以健身为目的的运动；二是安排量的大小要有节奏，既不能总是一个“量”，也不能阶梯式上升，要根据练习的目的和身体的状况交替地安排大量、中量、小量，出现大、中、小的协奏和练习的周期。这样就会使运动健身过程处于控制之中，健身的效果也就更显著了。

运动量不足的表现

如果运动后身体无发热感且无微汗，脉搏也无任何变化或在 2 分钟内很快恢复，说明运动量不足，对身体心肺功能没有刺激作用，就不会产生运动效果。

此外，还要掌握好运动处方的速度，慢跑或急行以不勉强，不面红耳赤，不太气喘，觉得轻松自如，达到边跑边与同伴谈话为适宜。

运动量过大的表现

锻炼后大汗淋漓、头晕眼花、胸闷、气喘、非常疲劳;倦怠、易激动、睡眠不佳、食欲减退;脉搏在运动后 15 分钟尚未恢复;次日周身乏力、缺乏运动欲望。这表明运动量过大，应注意调整减量。

运动强度与心率、自觉强度

强度（%）	强度感觉	一分钟的心率数					其他感觉
		60岁以上	50岁以上	40岁以上	30岁以上	20岁以上	
100%	最累	155	165	175	185	190	全身疲劳不堪
90%	非常累	145	155	160	165	170	勉强，同100%的疲劳没有差别
80%	很累	135	145	150	160	165	不想再练，喉干唇燥
70%	较累	125	135	140	145	150	紧张，汗流浃背，忐忑不安，练不下去
60%	累	120	125	130	135	140	出汗但不在乎，练到什么时候都可以
50%	很轻松	110	110	115	120	125	不觉得出汗，感觉良好，感觉练得不够
40%	非常轻松	100	100	105	110	110	心情愉悦，还想练
30%	最轻松不过	90	90	95	95	95	感到活动比静坐着好
20%	像坐着一样	80	80	75	75	75	处于安静状态

小贴士

健身运动量——心率 130。

“心率 130”是根据民众体质提出来的口号。“心率 130”是要求人们在健身锻炼时，心脏每分钟跳动达 130 次。它为人们提供了一种简便易行的掌握和监控健身运动量的科学方法，现已被人们普遍接受。其特点如下：

易于掌握

人们在健身运动中的心率，是一种易于观察掌握的生理信号，能有效了解、监控运动的强度。正常人的心率为：男子每分钟 75 次左右，女子每分钟 75 ～ 80 次；儿童心率快而老人心率慢；寒

冷时心率略快于暖和状态。我国心脏专家认为，在安静状态下心率较低的人相对健康些。而每个人安静时的心率和健身运动后的最高心率是不尽相同的，体质差的人，稍加运动就能达到“心率130”；而体质强的人要达到“心率130”，就要进行较大的运动量。所以，虽然达到了“心率130”，但事实上每个人运动的时间、强度是大不一样的。这也说明了运动负荷应因人而异。

运动量适中

实践证明，“心率130”是一种较为适中的运动量。运动时适度的心率可以按（220－年龄）×7%来计算。具体指标为：身体健康的青年人，每分钟心率为120～170次；中年人为每分钟110～140次；老年人宜控制在每分钟100～130次。另外，从健身的角度来讲，健身锻炼时心脏负荷量大大地增加，心脏只能靠加快收缩频率输送出足够多的血液，以保证肌肉运动时对营养物质的成倍需求。由此心脏功能也在健身锻炼中得到锻炼和增强，表现为心肌室壁的增厚，收缩力量的增强，脉搏输出量的增加等。如果健身运动达不到一定的运动量，就不会明显改善心脏功能；

若健身运动时的心率每分钟低于100次，则几乎没有健身效果。

根据“心率130”的不同反应调控运动量

“心率130”对不同的人而言，其反应也是不同的。一般有以下三种表现：

1. “心率130”健身锻炼后，微微出汗，人感到轻松舒畅。脉搏在10分钟左右内恢复，食欲、睡眠良好，次日体力充沛。说明运动量掌握较为理想。

2. “心率130”健身锻炼后，大量出汗，心悸气短，胸闷胸痛，头晕眼花，脉搏在15分钟内不能恢复。食欲、睡眠欠佳，次日感到周身乏力，缺乏健身运动兴趣。说明运动量稍大，应及时予以调整。

3. “心率130”健身锻炼后，身体无发热感，脉搏也无明显变化，并在3分钟内就恢复到安静状态时的心率。说明运动量太小，要增加一定的运动训练量。

运动性疲劳

参加体育锻炼以及运动训练和比赛，到一定程度的时候，人体就会产生工作能力暂时降低的现象，这种现象称为运动性疲劳。疲劳时工作能力下降，经过一段时间的休息，工作能力

恢复。只要不是过度疲劳，并不损害人体的健康，所以运动性疲劳对人体来说又是一种保护性机能。但是，如果人经常处于疲劳状态，前一项运动性疲劳还没有消除，而新的疲劳又产生了，疲劳就可能积累，久之就会产生过度疲劳，影响身体健康和运动能力。如果运动后采取一些措施，就能及时消除疲劳，使体力很快得到恢复，消耗的能量物质得到及时补充，甚至达到超量恢复，有助于训练水平的不断提高。

疲劳程度的标志

内容	轻度疲劳	中度疲劳	重度疲劳
自我感觉	无任何不适	疲乏，腿痛，心悸	除疲劳、腿痛、心悸外，有头痛、胸痛、恶心甚至呕吐等征象。有些征象存在时间较长
面色	稍红	非常红	十分红或苍白，有时呈紫蓝色
排汗量	不多	较多特别是肩部	非常多，尤其是整个躯干部分，在颈部以及汗衫和衬衣上可出现白色盐迹
呼吸	中等速度加快	显著加快	有少数深呼吸出现，有时呼吸节奏紊乱
动作	步态稳定	步伐摇摆不稳	摇摆现象显著，掉队，出现不协调动作
注意力	比较好，能正确执行指示	执行口令不准确，改变方向时，有时发生错误	执行口令缓慢，只有大声的口令才能接受

如何尽快消除运动性疲劳呢，主要有如下几种方法：

睡眠

睡眠是消除疲劳的最好的方法之一。应严格遵守生活作息制度，保证充足的睡眠时间。一般每天不少于 8 ～ 9 小时，并应安排一定时间午睡。在大运动量训练和比赛期间，睡眠时间还可适当增加。

积极性休息是除睡眠之外的消除疲劳的一种积极手段，对由于紧张训练和比赛引起的肌肉和精神疲劳有良好的缓解作用。积极性休息的方法和内容很多，如在公园、湖滨和海边散步、听音乐、观看演出、钓鱼、下棋和参观游览等，可根据个人条件和爱好选择和安排。

按摩

按摩是消除运动性疲劳的重要手段之一。一般采用手法按摩，进行全身或局部的按摩，有损伤的还可以兼作治疗，均有良好的效果。有条件的还可以采用机械按摩。目前国内外使用的还有气压按摩、振动按摩和水力按摩等，对放松肌肉、消除肌肉酸痛和恢复体力效果极佳。

物理疗法

锻炼后采用淋浴和局部热敷是一种简易的消除疲劳的方法，淋浴时水温不能过高，一般以温水浴（水温 40℃左右）为佳，时间 15 ～ 20 分钟为佳。温水浴有良好的镇静作用，能促进血液循环，放松肌肉，达到消除疲劳的目的。如有条件还可以用蒸气浴和旋涡浴等恢复手段。热敷能减少肌肉中酸性代谢产物的堆积，消除肌肉僵硬、紧张以及酸痛。热敷的温度以 47℃～ 48℃为宜，时间约 10 分钟。

营养与药物

合理的营养补充有助于疲劳的消除。运动以后，应供应充足的热量，补充足够的蛋白质、维生素、水和无机盐。药物恢复手段，可服用维生素 B_1、C、B_6 和 E。服用中药黄芪、刺五加、人参、三七对促进消除疲劳有一定的效果。营养学研究证实，服用麦芽油和花粉，也有消除疲劳和增强体力的功效。

心理恢复法

心理恢复法能减轻紧张情绪，放松肌肉，对消除疲劳和延迟疲劳的产生有良好的效果。包括心理调整、自我暗示、放松训练和气功等手段。

社区健身自我监控

自我监控就是运动者在体育锻炼过程中，对自己健康状态和生理功能的变化进行连续观察，并定期记录。其目的在于评价锻炼效果、调整锻炼计划、防止过度疲劳和运动性损伤的发生。经常地进行自我监控，对于增进信心、坚持科学锻炼、防止过量或不足、提高锻炼效果和养成运动卫生习惯等都有重要的意义

自我监控的方式很多，可根据睡眠、饮食、排汗量、脉率、心率等进行监控。归纳起来，可分为两类：主观监控和客观监控。

主观监控

运动情绪

即运动欲望。正常时精神饱满、精力充沛、自信心强。如情绪低落、心情不佳，则厌烦运动，甚至怕锻炼。

身体感觉

正常时自我感觉良好，身体无不适感觉。如果运动中或运动后异常疲劳，有头昏、恶心、呕吐、全身无力、肌肉酸痛等不良反应时，应分析原因，及时纠正。不良反应强烈时，要暂停练习。

睡眠

良好的睡眠应是入睡快，睡眠深而少梦，晨醒后头脑清醒，精神状态良好。如果入睡慢，容易做梦，睡中易醒，日间无力嗜睡，精力不集中，容易疲劳等，表明睡眠失常。

饮食

参加体育锻炼能量消耗大，所以食欲会变得好，想进食且食量大。如果运动后不想进食，且食量减少，表明运动量安排不当或身体健康状况不良。

排汗量

排汗量如与平时无明显差别时，尿量应无大变化。如果轻微活动就会大量排汗时，显示疲劳或某些功能不良。特别是有自汗和夜间盗汗现象时，表明身体极度疲劳或有其他疾病。

小贴士

健身警告——酸、痛、乏、麻。

运动对人体健康的好处自不必说，但运动还需讲究科学，避免盲目，参加健身锻炼的人和患有慢性疾病的人更应如此。

酸

刚刚参加健身锻炼的人，运动后肌肉酸胀是难免的，也是很正常的，这是新陈代谢的产物——乳酸积聚在肌肉中引起的生理反应。锻炼者应循序渐进，闯过这一关，逐渐增加运动量。

痛

运动中原有的疼痛加重或出现新的疼痛是运动不得法的警告，应及时调整。

乏

这是一个相对模糊的概念。对于精神心理方面，如竞争、压力、失意等导致的乏，锻炼无疑是一剂良药，应该坚持。如果因身体不适而引起的感冒，工作过度而引起的疲劳以及健身锻炼中运动量过大而导致的乏，则应适当减量或暂停运动。

麻

在健身锻炼中出现麻的感觉，揭示局部神经受压迫，这是立即停止锻炼的警告。

客观监控

测定脉率

脉率是反映心血管健康状况的一项简单而又准确的指标。随着健康水平的提高，脉率将变得更加缓慢、有力和有规律。

测定每分钟脉搏次数时，按脉的部位应在腕部或颈动脉处。

不同性别、年龄的人标准脉率参照值

		20～29岁	30～39岁	40～49岁	50岁以上
男子	优	59或少于59	63或少于63	65或少于65	67或少于67
	良	60～69	64～71	66～73	68～75
	中	70～85	72～85	74～89	76～89
	差	86以上	86以上	90以上	90以上
女子	优	71或少于71	71或少于71	73或少于73	75或少于75
	良	72～77	72～79	75～79	77～83
	中	78～95	80～97	80～98	84～102
	差	96以上	98以上	99以上	103以上

测验心脏恢复时间

可以用台阶测验来测量因运动而加快的脉率，需要多久才能恢复正常，从而确定心肺向全身供氧的效率。测验的方法是，双脚在20厘米高的台阶上交替上

下，每分钟上下 24 次，连续做 3 分钟。然后测量脉搏，30 秒后再测一次，并对照下表。在参加数周锻炼后，再重复以上测验，试看你的脉搏是否恢复得快些。

不同性别、年龄的人测验30秒时的标准脉率

	评价	20 ～ 29 岁	30 ～ 39 岁	40 ～ 49 岁	50 岁以上
男子	优	74	78	80	83
	良	76 ～ 81	80 ～ 86	82 ～ 88	81 ～ 90
	中	80 ～ 100	88 ～ 100	90 ～ 101	92 ～ 101
	差	102 以上	102 以上	106 以上	106 以上
女子	优	86	86	88	90
	良	88 ～ 92	88 ～ 91	90 ～ 91	92 ～ 98
	中	99 ～ 110	95 ～ 112	96 ～ 111	100 ～ 116
	差	112 以上	114 以上	104 以上	116 以上

心率监测运动量

在运动前先测安静心率；运动中停止测 10 秒钟脉搏，再乘以 6，由于此时心率恢复很快，所以应再加 10%。学会计算自己的靶心率，把运动心率调整到本人最大心率值的 60% ～ 85% 之间。下限的计算为：

（220 −年龄）×60%；上限的计算为（220 −年龄）×85%。

例如，一个40岁的人，他的最大心率为220 − 40 = 180次/分，其最适宜的运动负荷，上限为180×0.85 = 153次/分；下限为180×0.6 = 108次/分。也就是说，他锻炼时的心率在108～153次/分之间，表明运动量是合理、安全而有效的。高于或低于此范围，就要适当减少或增加运动量，把运动心率调整到这个靶心率范围。

血压、肺活量

有条件时应在运动前做一次原始的检查，然后再定期地进行检查，并将测定的结果进行对比，以检查运动健身的效果和防止出现意外。

在进行耐力运动时，体重应该是稳定的，或短期内稍有下降。如果体重持续下降，则是表明有严重的疲劳或患有消耗性疾病。

社区健身运动处方

运动处方类似医生给病人开的医药处方，是由指导医师或教练员给参加运动锻炼的人，按其年龄、性别、心肺或运动器官的功能、运动经历和健康状况等特点，用处方的形式，规定适当的运动内容和运动负荷。

健身运动处方

健身运动处方的特点是因人而异，对“症”下“药”。可以更好地达到健身和防治疾病的目的，以吸引更多的人参与健身锻炼。健身运动处方的制定，应包括健康检查、体力检查、制定运动处方和实施健身锻炼等步骤。

健康检查

是指对实施健身锻炼的人进行必要的健康检查，了解身体有无异常疾病，以便放心地参与运动。其检查的内容包括问诊，以了解病史、运动史和现在的健康状况等；临床检查，如心电图、血压、血液、尿液等。

体力检查

主要了解被检查者的体力，发现潜在的疾患或异常，为参加健康锻炼的人确定适宜的强度提供依据。目前国内外普遍采用12分钟跑检查法，检测被

检查者在 12 分钟内能够跑完的最大距离，以此来表示其全身耐力的水平。

制定运动处方

首先是选择健身锻炼内容，应以有氧运动项目为宜，如步行、慢跑、韵律操、网球、太极拳等。其次是确定适宜的运动强度（中等强度），并考虑安全因素来安排。运动时间一般控制在 15 ～ 16 分钟为宜，相对来说，年轻人或体质较好者，强度可稍大，持续时间可短些；而中老年人或体质较差者，则强度宜较小，持续时间可相对长些。

运动处方的实施

运动处方是实施健身锻炼的主要依据，要在健身锻炼过程中根据具体情况，判断是否有副作用和疲劳感，以此对运动处方的内容加以调整，使之更切实际。同时，通过定期的检查，掌握身体变化的健身锻炼效果，提高健身锻炼的质量。

健身运动处方的原则

1. 尽量采用有氧运动方式，以增强心肺功能。

2. 超量恢复原理：一定量的运动负荷——恢复——超量负荷——再恢复，逐渐提高体能。

3. 全面身心健康概念：个体化设计，注重较全面的身体功能锻炼，使参加健身的对象能愉快地、持之以恒地参加锻炼。

4. 坚持终身锻炼的计划。

制定健身运动处方的要点

在制定和实施运动处方的基本原则上，要注意处理好以下几个问题：

1. 运动处方要个体化

由于每个人的身体条件不同，不可能预先准备好适应各种情况的处方。因此，必须根据每个人的具体情况，因人而异，个别对待。

2. 运动处方要及时修订调整

对初定的运动处方在实施过程中，要进行一次或多次的微调整，使之成为符合自己条件的运动处方。须知，一个安全、有效、愉快的运动处方，不是别人给予的，而是自己制定的。

3. 以全身耐力为基础

制定运动处方时，体力的差别比性别和年龄的差别更为重要。因此，即使不根据性别、年龄，而只以体力情况为基础制定运

动处方也是适宜的。

4. 保持安全界限和有效界限

为了提高全身耐力水平，必须达到改善心血管和呼吸功能的有效强度，这就是靶心率的范围。如果运动超过这个上限，就可能存在危险性，这个运动强度或运动界限，称为安全界限。而达到这个有最低效果的下限，称为有效界限。完全界限和有效界限之间，就是运动处方安全而有效的范围。

5. 体质基础和运动效果的特异性

锻炼前体质差的人，从事强度小的运动也能收到显著效果；而锻炼前体质强的人，则要求更高的运动强度的刺激，才能见效。

运动时身体生理的适应，根据运动种类或方法有所不同，称为运动效果的特异性。一般认为运动效果是有特异性的，根据目的而选择合适的运动种类很重要。因此，明确自己锻炼的目的、意义和方法，是坚持长期锻炼并收到良好效果的重要问题。

社区健身运动处方

开具健身运动处方应考虑以下几方面的内容：

1. 运动目的

健身、治病、提高体能。

2. 运动种类的选择

有氧运动的耐力性运动项目：步行、跑步、游泳、骑自行车、滑冰、滑雪、划船、跳绳、登楼、活动跑台、社区健身的各种活动等。

伸展运动及健身操：广播操、太极拳、五禽戏、八段锦、健身有氧操、迪斯科、交谊舞、各种医疗体操等。

力量性锻炼：采用中等强度的力量训练。美国运动医学会推荐的力量训练主要有主肌群参与，每次 8 ～ 10 组，每组重复 8 ～ 12 次，每周至少 3 次。

3. 运动强度

一般通过控制运动强度来调控运动量，而运动强度又可以通过心率换算出来。健身训练后心率的反应，应与训练后的主观感觉相联系。

运动心率异常可能是身体不适的信号，说明上次训练后体力未完全恢复，或处于脱水状态。或者是患有未发现的疾病。

例如，40 岁以上的人，分三个阶段进行，每阶段 6 ～ 8 周，可获得安全的最佳效果。

第一阶段：（220—40）×0.65 = 117 次 / 分

第二阶段：（220—40）×0.75 = 135 次 / 分

第三阶段：（220 ～ 40）×0.85 ＝ 153 次 / 分

4. 运动时间

依目的而定。据研究，每次进行 20 ～ 60 分钟的耐力性运动比较合适。一般认为，心率达到 150 次 / 分并保持 5 分钟以上才有效。

5. 运动频度

一般认为每周进行 3 ～ 4 次为合适。

6. 注意事项及微调整

避免禁忌的运动项目和某些已发生的危险动作；注意运动中自我观察指标和出现异常时停止运动的标准；每次运动前后都要做好充分的准备活动和整理活动。

社区健身运动生理常识

健身运动中常见的生理反应

在运动中，因安排的运动量不尽合理，因此经常会出现一些不适的现象，如腹痛、肌肉痉挛、肌肉酸痛、运动性昏厥、运动性贫血、运动性中暑等。

肌肉酸痛

原因

在一次活动量较大的锻炼以后，或间隔较长时间未锻炼，再开始锻炼之后，往往会出现肌肉酸痛。这种肌肉酸痛不是即刻发生，而是发生在运动结束后 1～2 天，因此称为延迟性疼痛。

运动后肌肉延迟性酸痛的原因是运动时肌肉活动量大，引起肌纤维及结缔组织的细微损伤，以及部分肌纤维的痉挛所致。由于这种肌肉纤维细微损伤及痉挛是局部的，因而就整块肌肉而言，仍能完成运动功能，但存在酸痛感。酸痛后，经过肌肉内局部细微损伤的修复，肌肉组织变得较之前强壮，以后同样负荷，将不再发生损伤（酸痛）。

处理

对酸痛的局部肌肉进行热敷，促进血液循环及代谢过程，有助于损伤组织的修复及痉挛的缓解。

对酸痛局部进行静力牵引练习，保持伸展状态 2 分钟，然后休息 1 分钟，重复练习，每天做几次这种伸展练习，有助于缓解痉挛。

对酸痛局部进行按摩，使肌肉放松，促进肌肉血液循环，有助于损伤修复及痉挛缓解。

口服维生素 C，

有促进结缔组织中胶原合成的作用，有助于加速受损组织的修复和缓解酸痛。

预防

根据不同体质、不同健康状况科学地安排锻炼负荷。

锻炼时，尽量避免长时间集中练习身体某一部分，以免局部肌肉负担过重。

准备活动中，注意使即将练习时负荷重的局部肌肉活动得更充分。

整理运动除进行一般性放松练习外，还应重视进行肌肉的伸展牵引练习，这有助于预防局部肌纤维痉挛。

运动性腹痛

原因

准备活动不充分，开始时运动过于剧烈，或者跑得过快，内脏功能尚未达到竞技状态，致使脏腑功能失调，引起腹痛；因运动前吃得太饱，饮水过多，以及腹部受凉，引起胃部痉挛；少数因运动时间过长或过于剧烈，使下腔静脉压力上升，引起血液回流受阻，或者因肝脾淤血，隔肌运动异常，致使两肋部胀痛。

处理

一般采用减慢跑速，加深呼吸。按摩疼痛部位或弯腰跑一段等处理方法，疼痛常可减少或消失。如疼痛并不减轻，应立即停止运动，然后揉按内关、足三里、大肠俞等穴位。

预防

饭后 1 小时后运动；做好准备活动，运动量要循序渐进，并注意呼吸节奏；夏季应适当补充盐分。

运动性贫血

原因

运动时肌肉对蛋白质和铁的需求量增加，然而需求量得不到满足，或是脾脏释放的溶血卵磷脂能使红细胞的脆性增加。加上剧烈运动时血流加速，引起红细胞破裂，致使红细胞的新生与衰亡之间的平衡遭到破坏，从而导致此症状。

处理

如运动后出现头晕、无力、恶心等现象时，应适当减少运动量。必要时暂停运动，并补充富含蛋白质和铁的食物，如口服硫酸亚铁，这对缺铁性贫血的治疗有明显效果。

预防

遵循循序渐进和个别对待的原则，调整膳食。如果运动时经常有头晕现象发生，应及时诊断、医治，以利于正常参加体育锻炼。

运动性晕厥

原因

由于剧烈运动或长时间运动，使大量血液积聚在下肢，使回心血量减少所致，也与剧烈运动后引起的低血糖有关。主要表现为全身无力、眼前发黑、面色苍白、失去知觉、呼吸缓慢等。

处理

应立即使患者平卧，足略高于头部，并进行由小腿向大腿心脏方向推摩式拍击。同时用手指点压人中、合谷等穴位，必要时给氨水闻嗅。如有呕吐，应将患者头部偏向一侧。如停止呼吸，应立即进行人工呼吸。轻度休克者，应由同伴搀扶慢慢走一段时间，帮助进行呼吸，即可消除症状。

预防

平时要坚持体育锻炼，增强体质；久蹲后不要突然起立；不要带病参加剧烈运动；疾跑后不要立即停下来；不要在饥饿情况下参加剧烈运动。

运动性中暑

原因

在高温环境中，长时间体育锻炼，易发生中暑。尤其在温

度高、通风不良、头部缺乏保护、被烈日直接照射的情况下，最容易发病。

中暑早期会有头晕、头痛、呕吐现象，逐步发展为体温升高，皮肤灼热干燥。严重者可出现精神失常、虚脱、抽搐、心律失常、血压下降，甚至昏迷危及生命。

处理

首先将患者扶送到阴凉通风处休息，同时采取降温消暑手段，如解开衣领、额部冷敷为头部降温，喝些清凉饮料，并补充生理盐水等。严重的患者，经临时处理后，应迅速送医院进行治疗。

预防

在高温炎热季，应适当减少运动量和锻炼时间；避免在烈日下长时间锻炼；夏天在室外锻炼时，应戴白色凉帽，穿宽敞薄衣；在室内锻炼时，应保持良好的通风，并备有低糖含盐的饮料。

肌肉痉挛

原因

肌肉痉挛（俗称抽筋）是肌肉不由自主地突然性强直收缩，并变得异常坚硬。其主要原因是在健身锻炼中，由于肌肉快速连续性收

缩，导致肌肉收缩与放松的协调交替关系破坏。特别是肌肉处于疲劳时，更易发生肌肉痉挛。肌肉受到寒冷的刺激，或因情绪过于紧张，也可引起肌肉痉挛。

处理

让患者平卧、保暖，牵引痉挛肌肉。如腓肠肌痉挛时，可伸直膝关节，并做足部背伸动作。最好有同伴帮助牵引，但力量一定要轻缓，不宜施力过重。此外，可配合局部按摩、点穴（承山、涌泉、委中穴等）。

预防

健身锻炼前要做好准备活动，对容易发生痉挛的肌肉，可事先进行按摩。冬季锻炼时要注意保暖，夏季锻炼时应注意补充盐分。当疲劳和饥饿时，不要进行剧烈的运动。

运动性贫血

原因

我国成年健康男性每100毫升血液中含血红蛋白量为12.5～16克，女性为11.5～15克。若低于这一生理数值，则被视为贫血。因运动引起的这种血红蛋白量减少，称为运动性贫血。引起运动性贫血的主要原因，是由于运动时机体对蛋

白质与铁的需求量增加，一旦需求量得不到满足，即可引起运动性贫血。另外，在运动时，脾脏释放的溶血卵磷脂能使红细胞的脆性度增加。加上运动时血液加快，易引起红细胞破裂，从而导致运动性贫血。

表现

运动性贫血发病缓慢，平时表现有头晕、恶心、气喘、体力下降等现象；参加运动后会出现心悸、心率加快、脸色苍白等情况。

预防

若运动中（后）出现头晕、恶心、无力等现象，应适当减少运动量，必要时暂停运动，并及时补充富含蛋白质和铁的食物。口服硫酸亚铁片剂和维生素 C，这对缺铁性贫血的治疗有较明显的效果。

此外，在锻炼时要遵循循序渐进的原则，合理安排运动量，并注意正常营养的摄入等。

常见运动损伤处理

在运动过程中所发生的各种损伤统称为运动损伤。运动损伤又可以分为开放性损伤和闭合性损伤。对于运动损伤的处理一般分为前、中、后处理原则：对于急性损伤前期（24 小时以内）处理原则是制动止血、防肿、镇痛及减轻炎症。处理方法可根据具体情况选用一种或几种并用。

一般处理方法

一般先冷敷，加压包扎并抬高伤肢。这种方法应在伤后立即使用，有制动、止血、止痛及防止或减轻肿胀的作用。冷敷一般使用冰袋、自来水或氯乙烷。冷敷之后，用适当厚度的棉花或海绵置于伤部，立即用绷带稍加压力进行包扎。

24 小时以后打开包扎，可进行热疗、按摩：如理疗、外敷中草药、贴活血膏等，也可用几种方法进行综合治疗。

待损伤组织已基本恢复，肿胀和痛感已消失，锻炼时感到酸胀、无力，再进行功能性的恢复治疗，主要是改善伤部的血液循环，促进组织的新陈代谢，合理地安排局部的负担量。

开放性软组织损伤的处理

常见的开放性软组织损伤有擦伤、切伤、刺伤和撕裂伤；局部皮肤或黏膜破裂、伤口与外界相通，常见组织液渗出或血液自创口流出。处理的要点是及时止血和处理伤口，预防感染。

擦伤：擦伤多发生在摔倒时，对于伤口较脏的擦伤可先用生理盐水或自来水洗净伤口，然后用酒精棉球或红汞药水消毒杀菌；伤口较浅、面积较小的擦伤，无须包扎。

切伤与刺伤：伤口往往较深较小，如果伤口较脏时，除了进行伤口的止血、消炎、包扎外，还要打破伤风抗菌素，预防

破伤风。

撕裂伤：撕裂伤中，以头、面部皮肤伤为多见，若撕裂的伤口较小，经消毒处理后，用创可贴贴上即可；如果撕裂伤口较大，则须止血，缝合伤口；若伤情和污染较重时，应注射破伤风抗菌素。

闭合性软组织损伤处理

急性闭合性软组织损伤是运动员损伤中较多见的一类损伤，如肌肉拉伤、挫伤、韧带拉伤等都属于这类损伤。在急性闭合性软组织损伤发生后，首先要检查有无合并伤，如有，则应先处理合并伤，然后处理软组织损伤。在确定没有严重的合并伤后，应进行冷敷，加压包扎，制动和抬高患肢。24 小时以后解除包扎，并进行局部热敷、理疗、按摩等，以改善血液循环，促进局部代谢，加速损伤的修复。当损伤基本恢复后，开始进行肌肉、韧带的伸展性以及加强局部力量练习，以恢复局部受伤部位的肌肉力量及肌肉、韧带的柔韧性。

挫伤

因练习者相互碰撞或撞击器械致伤。一般性挫伤，在伤口处会出现红肿、皮下出血、疼痛等现象。如内脏器官损伤时，则会出现头晕、脸色苍白、出虚汗等症状；重症者还可因内脏出血而引起休克。处理时，轻伤者在 24 小时内先冷敷患处，抬高伤肢，必要时加压包扎，待过了 24 小时后，可施行热敷、按摩。若内脏损伤时，应及时送往医院治疗。

拉伤

在健身锻炼中，常在外力直接或间接作用下，使肌肉过度主动收缩或被动拉长时造成损伤。受伤后，伤处疼痛，局部肿胀、压痛，伤后肌肉功能减弱或丧失。处理时，一般施行冷敷，局部加压包扎并抬高伤肢，待过了 24 小时后，可施行理疗和按摩等。

关节韧带损伤

在健身锻炼中，以肩关节、踝关节、髌骨、腰部关节的损伤最为常见。例如，徒手练习中因臂或腿摆幅过大，造成肩关节和腰部受伤；在举重物练习时，因技术上的错误造成手腕或腰部关节受伤；或因跳跃时失去平衡，使踝关节扭伤等现象。关节致伤后，一般表现为压痛、疼痛、急性期有肿胀和皮下淤血、关节功能发生障碍等。关节韧带损伤后，在 24 小时内先冷敷患处，抬高伤肢，必要时加压包扎；过了 24 小时后，可采用理疗、按摩和针灸等方法治疗。待疼痛减轻后，可增加功能性

练习。对急性腰部损伤，如果出现剧烈疼痛时，不可轻易扶动，应让患者平卧，并用担架送医院诊治。处理后，应卧硬板床或在腰部下面垫一枕头，使腰部肌肉韧带处于放松状态，对治疗有明显效果。

关节脱位

在健身锻炼中，因受外力作用，使关节失去正常的连接关系，叫关节脱位，又称脱臼。关节脱位可分为完全性脱位和错位两种。脱位后常出现畸形，即刻发生剧烈疼痛和有明显的压痛，关节周围显著肿胀、功能丧失，有时还发生肌肉痉挛，严重时会出现休克。出现关节脱位后，先用夹板或三角巾固定伤肢，并尽快送医院治疗。如没有整复技术和经验，切不可随意做复位动作，以免加重伤情。

骨折

在健身锻炼中，身体某部位受到直接或间接的外界力量撞击时，可造成骨折。常见的骨折有肱骨、尺骨、桡角骨、手指、小腿骨、肋骨骨折等。骨折后患处出现肿胀，疼痛难受，肢体失去正常功能，肌肉可产生痉挛，骨折部位可见到畸形。严重时还伴有出血和神经损伤、发烧，乃至发生休克等现象。

出现骨折时，切勿随意移动肢体，需先用夹板或其他代用品固定伤肢。如出现休克，应先施行人工呼吸。若伴有伤口出血，同时施行止血，并及时护送至医院治疗。

脑震荡

主要因头部受到外力的打击，致使脑神经细胞和神经纤维受到震荡而引起意识和功能的暂时性障碍。受伤后，即刻出现头晕、眼花、眼前发黑、呼吸浅表、脉搏缓慢、肌肉松弛、意识丧失等现象。待清醒后，常有头晕、头痛、恶心、呕吐、耳鸣、记忆力减退等现象。

受伤后，应立即让患者平卧，切勿坐起或立起，最好在头部冷敷并注意保暖，对昏迷者可指压人中、内关穴。呼吸障碍时，则需进行人工呼吸，并及时送医院治疗，途中要避免颠簸和震动。患者在恢复期，要保持环境安静，卧床休息，直至头痛、头晕症状消失一周后，方可适当地参加健身锻炼。

常见的急救方法

止血

损伤如有出血应立即止血，因为人体血量为 5000 ～ 6000 毫升。急性血流失超过 800 ～ 1000 毫升，往往会引起全身无力、头晕、口渴、脸色苍白、呼吸浅速、脉搏减弱、血压下降等休克症状。甚至引起心跳停止，因此一定要重视止血。

止血的方法

有：

1. 直接压迫伤口止血法

小的伤口出血时，可用敷料直接压迫伤口，就能止血。

2. 压迫止血点止血法

较大的出血，可用手指或敷料紧压止血点止血。胸腹出血，不易找到出血点，可用纱布、棉花压住伤口，并包扎起来，赶快转送医院。

3. 止血带的使用法

用止血带紧缠在肢体上，使血管中断血流，达到止血的目的。如果没有止血带，也可用三角巾、绷带、布条等代替。止血带要缠在伤口的上部。止血带的下面，要垫上铺平的衣服、手巾或纱布，不要直接缠在皮肤上，以免伤害皮肤。缠上止血带后，因血液不流通，时间久了，肢体就会发生坏死，所以每隔 1 小时要松开 1 次；但松开的时间不可太长，只要血流一通，就要在另一端稍高的平面再次缠绕，并及时送伤员去医院。如放松止血带引起大量出血的患者，不应再在运送途中放止血带。

包扎

用三角巾或绷带包扎，有压迫止血、保护伤口、固定骨折等作用。包扎时要先用消毒球蘸酒精或汽油，擦去伤口周围的污垢，然后用 2.5% 的碘酒球对伤口周围的皮肤消毒。注意防止酒精或碘酒进入伤口。若伤口很脏，可用硼酸水、生理盐水或温开水冲洗，包扎动作要快，要轻。

三角巾包扎法

头部包扎：

先沿三角巾的长边折叠两层（约二指宽），从前额包起，把顶端和左右两角托到脑后，先做一个半结，再将顶角塞到结里，然后再将左右角包到前额打结。也可把三角巾的顶角放向鼻尖，底边放在脑后，把左右两角拉到前额做结，再把顶角上翻固定。

胸部包扎：

如果负伤在右胸，就把三角巾的顶角放在右肩上，然后把左右底角从两腋窝拉过到背后（左面的要放长一点），和左面打结，然后再把右角拉到肩部，和顶角相结；如伤在左胸，就把顶角放在左肩，包扎方法同上。

手足包扎：

把手指或足趾放在三角巾的顶角部位，把顶角再向上折，包在手背或足背上面；然后把左右两角交叉，向上拉到手腕或足踝的左右两面缠绕打结。

手臂包扎：

把三角巾的一

角放在伤臂对侧肩上，顶角放在肘部，然后把下垂的一角拉上，在颈后打结。使伤臂平放在三角巾内，悬挂在胸前，再把顶角的多余部分折叠固定。包扎时要注意伤臂悬挂的高度，使伤员感到舒适。手部要稍高于肘，手指要露在三角巾外，以便随时观察手指有无青紫、发肿的现象。也可把三角巾折成适当阔狭的带子，再用来悬挂于臂，这叫悬臂带。

绷带包扎法

环形包扎法：

绷带做环形重叠缠绕。用在胸部、腹部、手腕等粗细大致相等的部位。为了使绷带固定，不致脱落，第一圈可以稍斜，第二、三圈环形，并把斜出圈外的绷带角折到圈内，再重叠缠绕。绷带结尾的方法，有的用别针固定，有的用胶布贴封。最常用的是把绷带的尾部平均剪开，先打半结，绕一圈后，再将两尾活结结扎。

螺旋包扎：

先做几圈环行缠绕，再将绷带向上卷。每卷一圈都盖着前圈的三分之一至三分之二，呈螺旋形。

四头带包扎：

把绷带的两头都剪成两条，做成四头带。下颌部、鼻部、前额和枕骨等部受伤，多用这种绷带。

小贴士

绷带包扎注意事项：

先把伤口用消毒纱布盖好，再缠绷带。

右手拿绷带卷，左手拿绷带头，从低于伤口的地方开始，一般要按从前到后，从左到右，从下到上的顺序缠绕。

包扎不能过松。

绷带要清洁、柔软，不可潮湿。

大家一起来健身

近年全民健身路径已经普及到了大多社区、公园以及新农村，在一些人多的聚集区大家可以举行一些健身路径的竞赛游戏。可以以社区为单位，也可以以家庭为单位。这样可以让更多的人参与到健身大军中来，也可以使大家团结，促进家庭和睦。

目的与意义

竞赛规则的目的是为群众提供使用健身路径进行游戏和竞赛的基本依据。特点是简单、实用、易操作。意义是有利于推动全民健身路径的普及与推广，使群众性健身活动更为生动、活泼、有趣，富有竞争性和挑战性。设计依据保证在全民健身路径游戏和比赛中评分的客观和统一，为练习者的锻炼和比赛提供指导。

组织方法

组别按年龄分为老年组、中年组、青年组。

按性别分为男子组和女子组。

分类分为团体、家庭（3 人或 5 人）和个人三种比赛。参加团体赛的成员应按男女一定的比例组成。

评定胜负的方法：

1. 以时间为标准判断成绩，以参赛者比赛所用的全部时间作为其比赛的成绩。时间短者成绩列前。例如，采用平行梯（双臂依次行进一个往返）——平衡木（快走两个往返）——跳跃高梁（双腿“之”字跳 6 次）——梅花桩（从英文字母 A 走到 OK 再回到 A）——鞍马训练器（支撑跳跃两个循环 6 次）的路径比赛，从平行梯开始计时到完成鞍马训练器的动作停表。提示：未能完成所有站位规定的动作和次数者不计成绩；未按比赛规定的站位顺序进行的参赛者不计成绩；未按比赛

规定动作要求（如斜体俯卧撑动作不到位）完成比赛的不计成绩。

2. 以得分多少为标准判断成绩，按每一站位的胜负计分，然后把所有站位的得分相加，得分高者成绩列前。

小贴士

1. 以时间判定胜负的站位，选手出现失误，必须从失误处继续比赛，否则不计成绩。

2. 以次数判断成绩的站位，选手的动作不到位，不计该次次数。

3. 多站比赛，如果一站没有成绩，仍可计其总分。

3. 以输赢为标准判断成绩，此类比赛一般为两人对抗赛，以击败对手为胜。例如，双杠追逐对抗赛。对抗双方各站在双杠的一端，进行支撑越杠跳下，追逐对方跑到双杠一端进行越杠跳下，以此方法进行追逐。先追到对方为胜；梅花桩，双方各站在桩上，用手将对方推下桩者为胜；平衡木，双方站在木上，双脚固定，双手互握推拉，以先把对手拉下

平衡木者为胜。提示：

（1）如果比赛为多个赛站，以赛站获胜多者成绩列前。

（2）此种比赛可采用淘汰制。

4. 团体成绩的计取：

（1）以单项汇成的总分多少排定团体名次。

（2）以获得的金牌或奖牌数多少排定团体名次。

（3）上述两种方式只能取其一。亦可把第一种方式作为排定团体名次的基本方法，在各队出现总分相等的情况时，以第二种方法为补充原则。

5. 单项擂台赛可设立群众喜爱的单项擂台赛。例如，俯卧撑、双杠的屈臂撑、肋木的悬垂举腿、女性的仰卧举腿等，以次数多少进行打擂，次数最多者为擂主。提示：

（1）可设立纪录，形成传统性擂台赛。

（2）可分年龄组、性别组进行比赛，分设纪录。

竞赛范例

通用路径一

肋木架——跳跃高梁——仰卧起坐平台——鞍马训练器——双杠。

做法及要求：

肋木架（肋木上下走练习，15 次）——跳跃高梁（双腿“之”字跳，4 次）——屈腿抱头仰卧起坐（要求肘关节必须触到膝关节）——鞍马训练器（支撑跳跃，6 次）——双杠（支撑走，2 个往返）。提示：依次进行，计总时间。

通用路径二

平衡木——跳跃高梁——肋木架——双杠——梅花桩——单杠-——摸高横梁——平行梯。

做法及要求：

平衡木（快跑一个往返）——跳跃高梁（双腿“之”字形向前跳，4 次）—— 肋木架（攀越，1 次）——双杠（支撑前进，2 个往返）——梅花桩（从英文字母 A 开始，正走到 OK 再退回到 A）——单杠（翻身上，1 次）—— 摸高横梁（纵跳 5 次，要求双脚离地，手触横梁）—— 平行梯（双臂依次前行，1 次）。提示:依次进行，计总时间。

老年路径

平衡木——梅花桩——仰卧起坐平台——肋木架——跑跳横梁。

做法及要求：

平衡木（交叉走，2 个往返）——梅花桩（按英文字母正走，2 个往返）——仰卧起坐平台（收腹举腿，要求腿举到 90 度）——肋木上下走（15 次）——跑跳横梁（斜体俯卧撑，15 次）。提示：依次进行；计总时间。

女性路径

梅花桩——肋木架——下腰训练器——仰卧起坐平台——跳跃高梁——鞍马训练器。

做法及要求：

梅花桩（按英文字母正走，从 A 走到 OK 再转身向回走到 A）——肋木架（上下走，15 次）——下腰训练器（向后倒体，6 次）——仰卧起坐平台（收腹举腿，15 次，要求腿举到 90

度）——跳跃高梁（斜体俯卧撑，10 次）——鞍马训练器（支撑跳跃，6 次）。提示：依次进行，计总时间。

家庭路径

三口之家：单杠（翻身上，3 次）——父亲：肋木（悬垂举腿，10 次）——母亲：平衡木（木上行走，2 个往返）——孩子。

双人项目：肋木（上下走，夫背妻，母背子，10 次）。

三人项目：平行梯（每个人 1 个往返接力）。提示：依次进行，计总时间。

五口之家：肋木（上下走，15 次）——爷爷：梅花桩（按英文字母顺序走到 OK）——奶奶：平行梯（悬垂依次进行，1 个往返）——父亲：跳跃高梁（双脚“之”字跳，每节跳 2 次）——母亲：肋木（攀越 2 个往返，不许跳下）——孩子：平衡木（相互扶走，各走 1 个往返）——老夫妻：单杠（直角悬垂引体向上，一人托脚，一人做引体向上，做 10 次）——夫妻：跑跳横梁（母托子做翻身上，5 次）——母子：摸高横梁（“8” 字摸高跑接力）——全家参加（五人）。

提示：依次进行，计总时间。

实例一

郑州市健身路径运动会，五口之家接力比赛

1. 参加人员：爷爷、奶奶（或姥爷、姥姥）、父亲、母亲、孩子。

2. 接力项目：荡桥（五口之家）——单杠（三口之家）——水车（小夫妻）——柔韧杠（老夫妻）——云梯（孩子）——双杠（父亲）——单杠（母亲）——穿越障碍（五口之家穿越柔韧杆）。

3. 比赛办法

（1）全家过荡桥：比赛形式不限（如手拉手、背着、抱着、走、跑、跳等），以最快的速度通过荡桥。计时从第一个人触及荡桥开始，到最后一个人离开荡桥停止。

（2）三口之家单杠接力：从高单杠的一端开始，以最快的速度悬垂移动到另一端跳下，击打下一人的手，再开始做动作（杠上没有标志物）。

（3）小两口蹬水车：两人相互协调配合，以最快的速度跑蹬水车 20 圈。

（4）老夫妻柔韧杠：两人面对面扶高杠做下蹲 5 次；然后交换位置，男，前弓步双手撑中杠做 5 次俯卧撑；女，扶高杠做 5 次前后摆腿。以最快速度完成此组动作。

（5）母亲单杠：由杠一端开始，跳上成正撑（可以保护上杠），以最快的速度支撑侧移动至另一端，前翻下。

（6）父亲双杠：跳上成支撑做 3 次推起动作；然后支撑行进至另一端跳下，以最快的速度完成动作。

（7）孩子爬云梯：用手以最快的速度爬过云梯。计时从手触及第一根杆开始，到双手触及最后一根杆结束。

（8）全家穿越柔韧杆：五口人手拉手以最快的速度依次钻

过高、中杆，再跨越低杆。计时从第一个人动作开始，到最后一个人动作结束止。

4. 计分方法以最快速度完成全部组合练习，所用时间少者名次列前；如有并列者以单项优者列前；再相等名次并列，下一名次为空。

实例二

河南省全民健身节全民健身路径比赛

1. 参加人数甲组、乙组各 3 人（2 男 1 女）。甲组为 40 岁以下者；乙组为 41 岁以上者。

2. 比赛项目平衡木（起点）——仰卧起坐（女 10 次）——俯卧撑（男 10 次）——跳绳（50 次）——肋木架（悬垂举腿，女 10 次）——双杠（双臂屈伸，男 10 次）——天桥（悬垂双臂移动）。

3. 比赛要求

（1）平衡木：快速通过，若掉下（单足点地或双足着地）一次增加 5 秒，并在原地踏上平衡木继续比赛。

（2）仰卧起坐（女 10 次）：仰卧于平台，两腿屈膝成 90 度，手指交叉贴于脑后。另一人压住两踝关节处。起坐时，收腹上抬体前屈，至两肘触及或超过两膝为完成一次。连续计数 10 次，不规范的动作不计，每少一次时间增加 10 秒。比赛时，裁判员应报出累计次数。

（3）俯卧撑（男 10 次）：两手同肩宽撑地俯卧，腿伸直，两腿着地。听到信号后，开始屈臂，胸接近地面，身体保持平直。然后推手伸臂撑直为一次，依此进行 10 次。凡出现塌腰、撅臀不规范动作，均不计数，每少一次时间增加 10 秒。比赛时，裁判员应报出累计次数。

（4）双杠臂屈伸（男 10 次）：双手正握杠屈臂悬垂，静止后两臂同时用力伸直成正撑（身体不能有附加动作），然后恢复到开始姿势，连续进行 10 次，每少一次时间增加 10 秒。

（5）肋木悬垂举腿（女 10 次）：背靠肋木，两手正握横木悬垂，收腹举腿与上体成直角，然后恢复到开始姿势再继续做，连续 10 次，每少一次时间增加 10 秒。凡屈臂、屈腿或举腿直角不规范，均不计数。

（6）跳绳（50 次）：用双（单）脚跳，每摇一回环算一次。比赛时，裁判员应报出累计次数，每少一次时间增加 5 秒。

（7）天桥悬垂双臂移动：双手正握横木悬垂，运用两臂移动通过天桥，若掉下应重新开始进行，同时时间增加 10 秒。